MON CAHIER MES RITUELS YOGA

CHARLINE GIRARDEL

ILLUSTRATIONS
ISABELLE MAROGER (COUVERTURE)
GUENIÈVRE SURYOUS (INTÉRIEUR)

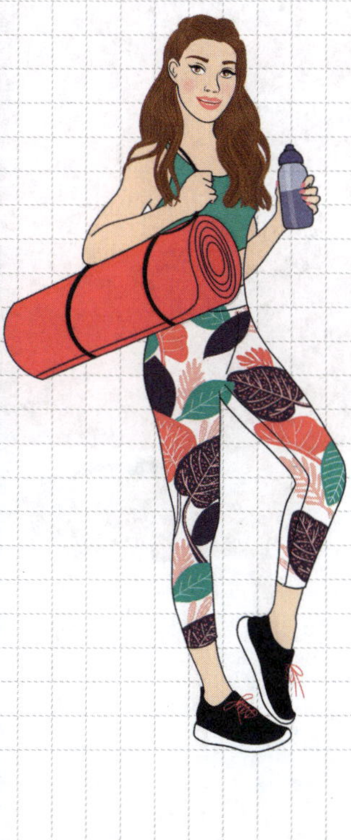

SOLAR EDITIONS

SOMMAIRE

Introduction 3

Test : Quelle routine yoga est faite pour moi ? 5

Chapitre 1 Une routine yoga, oui, mais pourquoi ? 7

Chapitre 2 Mes routines yoga au quotidien 19

Chapitre 3 Ma routine yoga week-end cocooning .. 42

Chapitre 4 Mes rituels yoga au fil des saisons 60

Chapitre 5 Mes rituels mensuels de yoga féminin ... 80

Conclusion 90

Bibliographie 91

Introduction

On imagine très bien avoir un peu de temps pour soi et enfin pouvoir se consacrer à son bien-être dès le matin… Mais quand on voit tout ce qu'on a à faire dans une journée, ce n'est même pas la peine d'y penser ! Du temps ? Pour qui ? Pour moi ? Impossible !

Et pourtant, avec seulement quelques petites routines feel good, le matin ou le soir, on peut changer beaucoup de choses dans sa façon de vivre, de se reconnecter à soi, de profiter de l'instant, tout simplement de se sentir bien… Le rêve absolu !

Le yoga est plus qu'une discipline, c'est un art de vivre ! La pratique, qu'elle soit physique ou spirituelle, alimente de manière visible et conséquente le bien-être général. En seulement 10 minutes par jour, on peut redynamiser ou relaxer notre corps et notre esprit, c'est top, non ? Avec un minimum d'organisation, on parvient à se ménager 10 minutes pour enfin se sentir bien !

Au fur et à mesure de votre lecture, vous allez apprendre comment mettre en place en un temps record des petits rendez-vous quotidiens avec vous-même. Les routines yoga vous permettront de prendre du temps pour vous, pour bien démarrer votre journée ou pour vous détendre en rentrant chez vous le soir, et ce, quelle que soit la saison. Mieux : instaurer une routine, c'est célébrer l'instant. De quoi profiter à fond de la magie de chaque moment !

Avec quelques bons conseils et un peu de motivation, on peut tout mettre en œuvre pour que notre quotidien s'équilibre autour de cette tendance si prometteuse : le bien-être !

Test : Quelle routine yoga est faite pour moi ?

Avant de trouver sa routine idéale, il faut identifier ce dont on a besoin pour se sentir mieux et bien dans son corps et dans sa tête. Que vous soyez une pile électrique qui vit à cent à l'heure ou une personne ultra relax, il y a une routine yoga faite pour vous ! Faites le test pour savoir laquelle :

1. Le réveil sonne, c'est l'heure de se lever...

♦ Youpi ! Encore une belle journée à vivre ! Je suis debout en 3 secondes !

♥ Snooze ! Je n'ai pas terminé mon rêve, je prends 10 minutes de rab.

♣ Pas encore, pitié ! Bon, au cinquième réveil qui sonne, je me lève... peut-être...

2. Le sport et vous, c'est...

♦ Une grande histoire d'amour ! Je bouge tout le temps et je suis toujours prête à essayer de nouvelles activités.

♥ Je t'aime moi non plus. J'essaye de m'y mettre de temps en temps mais... ce n'est pas très concluant.

♣ Ce n'est pas l'amour fou, du tout ! Je préfère lire un bon bouquin ou aller au ciné quand j'ai du temps...

3. Votre super copine part faire une retraite de yoga en Inde, vous pensez...

♦ Le rêve ! Quelle idée géniale ! Je pars avec elle !

♥ Pourquoi pas ? C'est vrai que ça pourrait me faire du bien... quand j'y pense.

♣ Oh là là... l'ennui total ! Ça doit vraiment être barbant...

4. La semaine, vos soirées sont consacrées à :

♦ M'occuper de la maison ! Courses, ménage, lessives et j'en passe !

♣ Dé-com-pre-sser ! Un verre (ou une infusion) et un câlin...

♥ Préparer la journée du lendemain. J'aime être bien organisée.

5. Un cours de yoga idéal pour vous, c'est...

♣ Beaucoup de relaxation, des postures douces et longues, de la méditation...

♦ Des postures, des postures et encore des postures ! Il faut que ça bouge !

♥ Un mix de tout ça. Un peu de relaxation, un peu de postures dynamiques, un peu de méditation... j'aime l'ensemble !

6. Un événement imprévu vient contrecarrer vos plans...

♣ Il ne manquait plus que ça ! C'est la goutte d'eau qui fait déborder le vase...

♥ Demain est un autre jour... ça va sûrement s'arranger.

♦ Pas de souci ! J'ai plein de choses chouettes à faire à la place !

7. Lorsqu'on vous parle de routine bien-être :

♦ Ça fait tilt ! Les routines, j'adore ça ! Ça permet d'organiser sa journée et de se sentir bien.

♥ Le concept a l'air cool… Mes copines ont plein de routines bien-être mais je n'ai pas encore sauté le pas !

♣ Ça me paraît compliqué… Je n'ai pas vraiment de temps à y consacrer…

8. Au boulot, vous êtes plutôt en mode :

♦ Wonder Woman ! Je n'arrête pas une seconde mais j'aime ça !

♥ Ça dépend des jours… J'organise mon temps, c'est selon.

♣ Toujours en retard, pour tout !

9. Prendre du temps pour soi, ça signifie quoi pour vous ?

♦ Faire du shopping, prendre l'air, trouver des activités qui me boostent !

♥ Me détendre, prendre un bain, aller au spa, me chouchouter…

♣ Je coupe tout et je dors pendant des heures !

10. D'après vous, que peut vous apporter une routine yoga ?

♥ Beaucoup plus de bien-être en général dans mon quotidien… J'en ai besoin.

♣ Un regain d'énergie ! Mes batteries sont trop souvent à plat.

♦ De quoi canaliser mon énergie et prendre le temps de me poser !

Faites les comptes !

♣	♠	♦

Vous avez une majorité de ♦ :

Vous avez besoin d'une routine yoga relaxante.

On peut dire que vous avez beaucoup d'énergie ! Un peu trop même parfois… Ça fait partie de votre tempérament et en plus ça vous rend très positive ! Bravo ! Mais il serait bon de vous poser quelques minutes et de prendre du temps pour vous, rien que pour vous. Cela vous permettra de vous détendre et de vous apporter une autre vision des choses, d'aller plus en profondeur dans vos activités, vos relations et en vous-même ! À force d'être hyperactive et de vous gaver d'occupations, vous n'écoutez plus ce dont vous avez vraiment

besoin et envie. En pratiquant quelques routines yoga relaxantes, vous pouvez rééquilibrer votre énergie si débordante et faire le vide dans votre tête, au moins une fois dans la journée. L'objectif : vous recentrer et vous célébrer, vous !

→ Les routines yoga à faire le soir (p. 30), sur son tapis, dans son lit (p. 38) ou dans son bain (p. 35), par exemple, sont faites pour vous.

Vous avez une majorité de ♥ : *Vous avez besoin d'une routine yoga bien-être.*

Vous vivez au jour le jour et vous vous laissez entraîner par les événements. Pour le bien-être, c'est pareil : vous ne savez pas par où commencer, vous ne prenez pas vraiment les choses en mains, alors la vie prend le dessus et votre bien-être passe à la trappe. Il a pourtant une importance dans votre vie, mais vous ne savez pas encore ce qui est vraiment bon pour vous et ce que vous pouvez mettre en place pour améliorer votre quotidien et être toujours en harmonie avec vos ressentis. Avoir une routine va vous structurer pour enfin faire de votre bien-être une priorité. Les quelques routines yoga bien-être au quotidien vont vous apprendre à rester connectée avec vous-même, à écouter vos réels besoins et envies en temps et en heure et, enfin, vous aider dans votre quête du bien-être.

→ Les routines de yoga complètes, avec exercice de respiration, postures, méditation, sont faites pour vous, le matin comme le soir (p. 19 et 42).

Vous avez une majorité de ♣ : *Vous avez besoin d'une routine yoga énergisante.*

Vous aimeriez bien dormir toute la journée, vous adorez procrastiner, et ne rien faire est une de vos activités favorites ! Attention de ne pas couver une petite baisse de moral ou une grosse fatigue émotionnelle ou nerveuse derrière ce manque de motivation ! Mais qui peut le moins, peut le plus ! Oui, oui ! Vous verrez, cela ne vous demandera qu'un petit soupçon de volonté pour instaurer des routines quotidiennes à maxi potentiel. De quoi retrouver une bonne énergie et redynamiser vos journées ! Vous allez vous sentir au mieux de votre forme, l'esprit libre, positive et pleine de bonnes intentions envers vous-même après votre petite routine yoga énergisante.

→ Les routines de yoga qui vous boostent et qui vous redynamisent dès le matin ou au saut du lit sont faites pour vous (p. 22).

Chapitre 1

Une routine yoga, oui, mais pourquoi ?

Le yoga a le vent en poupe en ce moment, c'est la référence du healthy lifestyle d'aujourd'hui. Yoga par-ci, yoga par-là, apparemment le yoga nous change la vie ! Oui, mais comment ?

Le yoga, c'est quoi ?

Le yoga est une discipline ancestrale, une tradition et une philosophie venue d'Inde. C'est une approche holistique, c'est-à-dire qu'elle prend en compte l'intégralité de l'être, corps et esprit ne font qu'un – l'étymologie du mot YOGA signifie d'ailleurs « unir » ou « relier ». Cette pratique a de nombreux bienfaits sur la santé et le bien-être en général. Le corps gagne de la souplesse, les muscles se renforcent, les tensions disparaissent, l'esprit est plus clair, les pensées deviennent positives et tout cela permet de garder ou de recouvrer la santé. Aujourd'hui, le yoga peut se pratiquer avec des postures uniquement (*asana*, en sanskrit) ou avec des exercices de respiration (*pranayama*) et de la relaxation.

Pourquoi instaurer des routines yoga au quotidien ?

Une routine, c'est quoi ?

Une routine, c'est quelque chose que l'on met en place pour s'aider à donner du rythme à ses journées ou à ses semaines. Inconsciemment, nous avons déjà tous des routines ! On se lève, on se lave, on déjeune, on se brosse les dents… Autant de gestes qui sont ancrés dans notre vie et notre

quotidien. Mais les routines feel good, elles, ne sont pas constituées d'habitudes, de gestes exécutés par automatisme. Ce qui fait toute la différence et qui apporte le bien-être ? La pleine conscience !

En mode mindfulness

La pleine conscience, *mindfulness* en anglais, rend les routines toujours différentes ! Agir en pleine conscience signifie qu'on exécute chaque geste en totale connexion avec ses 5 sens. Vous êtes concentrée sur chaque sensation, et tout devient alors plus fort, beau, intense. Pas de cerveau en mode automatique, il est en plein flow, c'est-à-dire qu'il est mobilisé à la juste mesure, d'une façon équilibrée, bienfaisante et reposante. Vous profitez de l'instant présent, chaque fois différent. Bye bye la routine déprimante, hello la routine vivifiante !

J'instaure des routines feel good !

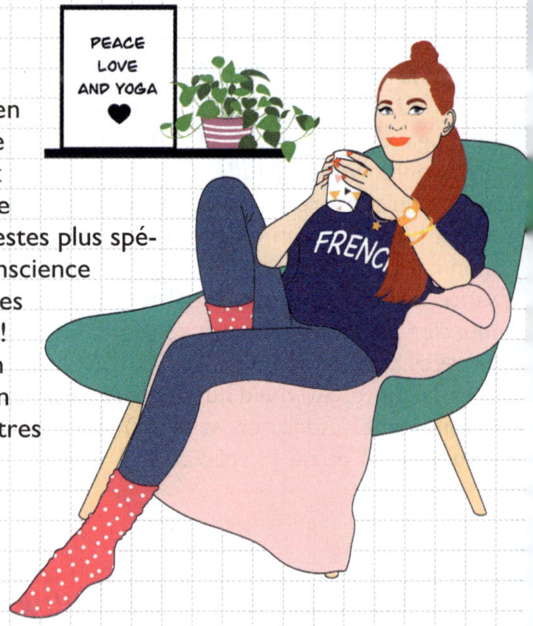

Évidemment, même si prendre son petit déj en pleine conscience apporte plus de bien-être que de le manger sans y penser (cela permet de mieux digérer, d'apprécier son repas et d'en tirer plus de plaisir), on peut construire des routines sur des gestes plus spécifiques, vraiment orientés bien-être. La pleine conscience transforme tous les gestes du quotidien en gestes bénéfiques, alors que dire de gestes feel good ! On peut instaurer des routines pour booster son énergie, pour se détendre, pour se cocooner… On peut les composer de yoga, assorti de plein d'autres méthodes pour un bien-être complet !

Le 2e ingrédient magique : l'intention !

En plus de la pleine conscience, ce qui définit une routine feel good est l'intention que l'on y met. Une intention dirige nos pensées, notre volonté, nos émotions et toute notre énergie vers un but. Ainsi, vous envoyez de bonnes ondes à votre corps et à vous-même : vous vous programmez à donner de l'amour, de l'apaisement ou de l'énergie à votre corps, selon le thème de votre routine. Vous vous apportez du bien-être, non seulement par le geste concret, mais aussi par votre esprit, et ça change tout, car tout se passe dans la tête ! Vous intégrez alors vraiment les effets de vos routines.

Les routines, un temps sacré pour soi !

Elles transforment l'enchaînement d'habitudes en rituels. Les rituels sont des actions sacrées. Or, quoi de plus sacré qu'un geste dans lequel on pose l'intention de se faire du bien ? Quoi de plus sacré que vous faire un massage en pleine conscience, en vous donnant du bien-être ? Bref, les routines ouvrent un temps et un espace sacrés, où il s'agit de VOUS célébrer !

L'objectif : célébrer chaque moment !

Les routines sont définies par leur récurrence. Elles prennent place à des moments spécifiques, toujours les mêmes. C'est la morning routine, l'evening routine, par exemple. Et les pratiquer est un moyen de célébrer chaque nouvelle journée, de l'inaugurer sur une bonne note ou de la clore avec satisfaction. Vous reconnecter à l'instant présent grâce à la pleine conscience permet d'apprécier ce moment privilégié dans chaque journée.

Le must des routines : elles démultiplient le bien-être !

Les routines bien-être sont le kif des neurosciences : en effet, on a découvert que, grâce à la plasticité cérébrale, le cerveau s'imprégnait de façon exponentielle d'une routine, car elle est répétée quotidiennement, chaque jour fortifiant davantage la connexion cérébrale. Conclusion : si vous voulez booster votre bien-être, instaurer une routine est la méthode qui va démultiplier l'efficacité du geste. Une petite action répétée dans une routine apporte plus de bienfaits qu'une grosse action plus rare. La condition pour que ça marche : être ré-gu-lière ! On peut zapper sa routine feel good un jour ou deux, mais pas régulièrement, au risque de perdre tout le bien-être acquis.

Quels bienfaits les routines yoga apportent-elles à mon corps et à mon esprit ?

Le yoga apporte des bienfaits à tous les niveaux de notre être : physique, mental et spirituel. C'est vraiment la méthode de bien-être complète ! L'établir en routine, c'est être sûre de prendre soin de soi tous les jours sur tous les plans. Imaginez commencer toutes vos journées par une routine yoga de quelques minutes qui vous fait vous sentir plus légère en réveillant et en assouplissant votre corps, qui vous permet d'avoir l'esprit plus clair et plus vif en éloignant le négatif pour ne garder que le positif… C'est le combo idéal ! Tous les bienfaits que vous allez ressentir à l'intérieur de vous se verront aussi à l'extérieur. Le yoga réaligne le corps et l'esprit… Être en accord total avec soi-même, c'est vraiment la voie du bien-être absolu. Vous allez rayonner !

Comment les mettre en place dans sa vie de tous les jours ?

5 minutes suffisent !

Avoir des routines bien-être vous fait rêver mais vous pensez que c'est réservé aux autres ?

Nous avons toutes des obligations ! On peut être overbookée ou maman à plein temps. Difficile de tout gérer en une seule journée… Et pourtant ! Mettre en place une ou plusieurs routines yoga dans votre vie de tous les jours n'est pas si compliqué. Une routine n'est pas forcément longue, vous pouvez trouver 5 minutes pour la faire. Oui, oui, 5 minutes peuvent suffire. Ce n'est pas la durée qui compte mais la régularité. Tenez-la au quotidien.

À vous de choisir le moment idéal !

Si vous n'êtes pas du matin, vous pouvez instaurer une routine de yoga le soir, c'est tout à fait possible et même recommandé. Que vos routines soient faites le matin, le midi au bureau entre deux rendez-vous, ou le soir avant de dormir, cela n'a pas d'importance, l'essentiel est de trouver le moment propice pour que ça devienne une routine, justement ! Cela signifie que vous devez caler une plage horaire fixe, durant laquelle vous ne risquez pas d'être dérangée, et qui ne risque pas d'être bousculée par des obligations ou des imprévus. Bien sûr, si malgré tout un imprévu vous empêche de pratiquer, effectuez votre routine à un autre moment de la journée, tant que cela reste exceptionnel. Alors, à vous de jouer !

Comment garder les routines instaurées ?

Instaurer de nouvelles routines dans sa vie peut vite se résumer aux bonnes résolutions de début d'année que l'on ne tient jamais (par exemple, l'inscription à la salle de sport où l'on ne va qu'une fois !

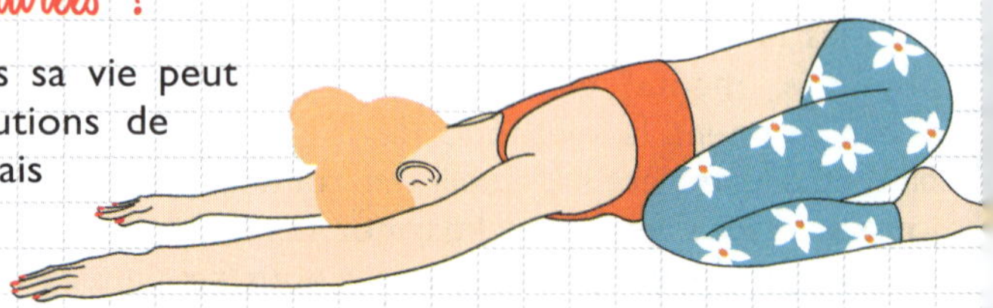

Allez, peut-être deux !). On est toujours pleines de bonnes intentions envers soi-même, et puis… Bah non, finalement, on passe à autre chose ! Mais là, on parle de réel bien-être, le genre de petites routines qui vont changer votre vie ! C'est sûr qu'on n'a pas envie de les laisser de côté au détriment d'un manque d'organisation, ou de motivation.

6 astuces pour instaurer des routines

Astuce n° 1 : prévenir votre entourage afin que cette nouvelle règle de vie soit respectée. Si vous êtes tentée de la zapper, votre entourage pourrait même vous servir de rappel pour vous remotiver !

Astuce n° 2 : appuyer votre nouvelle routine bien-être à une autre routine bien établie, comme celle du lever ou du coucher, la rend plus facile à intégrer dans votre quotidien. Elle devient plus vite un réflexe.

Astuce n° 3 : tenir pendant 1 semaine. Ce n'est pas compliqué ! Si votre nouvelle routine yoga vous fait du bien au bout d'1 semaine, imaginez tout au long de l'année ? Bref, tester les routines, c'est les adopter et ne plus pouvoir s'en passer. Vous serez bientôt addicte !

Les bienfaits que je veux retirer de mes routines yoga (prendre soin de moi chaque jour, me sentir plus calme, me sentir plus énergique…) :

....

....

....

Astuce n° 4 : écrire ses objectifs. Il est prouvé que la motivation s'appuie sur 5 ingrédients : de bonnes conditions, des succès déjà remportés, des supporters, un objectif défini et des bienfaits personnels attendus. Écrivez donc précisément les bénéfices que vous attendez des routines, et gardez-le bien visible ! D'autant plus qu'entre nous, le yoga c'est vraiment le Graal niveau bien-être, santé à long terme et développement personnel ! Donc, on se motive en visualisant ses objectifs au jour le jour ou sur le long terme !

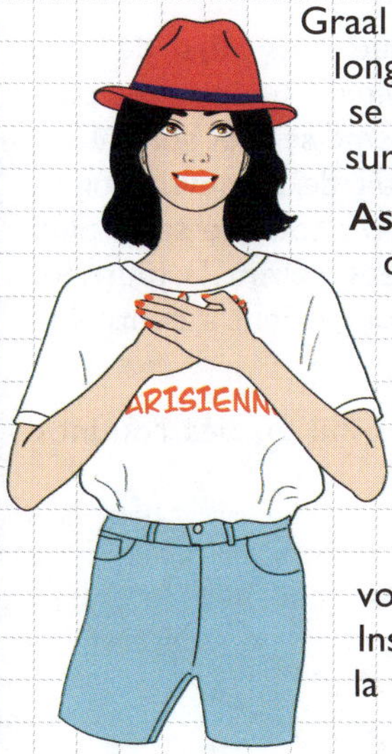

Astuce n° 5 : créer un habit tracker, c'est-à-dire un tableau de suivi d'habitudes. Cet outil magique du Bullet journal® consiste à colorier la case du jour lorsqu'on a tenu sa résolution. Cela vous permet à la fois de visualiser votre régularité et de vous féliciter de votre réussite, ou de vous faire une piqûre de rappel dans le cas où peu de cases sont coloriées.

Astuce n° 6 : s'écouter ! Avec bienveillance, choisissez ce qui est bon pour vous et, surtout, ce qui est réalisable et peut s'ancrer dans votre quotidien sans tout chambouler. Le changement sera plus simple. Instaurer une routine doit être facile, cela ne doit pas vous compliquer la vie davantage !

Et sur le long terme ?

Il n'y a pas de recette magique pour toujours garder les routines que l'on a réussi à intégrer dans notre quotidien. Tout simplement parce que notre vie évolue, elle change et se laisse parfois emporter par les événements. Le seul vrai conseil valable est de prendre rendez-vous avec soi. Le bien-être ressenti à tenir vos nouvelles routines, les bénéfices que cela vous procure devraient vous persuader de vous ménager à tout prix du temps pour vous. Votre bien-être doit passer avant tout le reste. Essayez, vous en serez vite convaincue !

Je me mets aux routines yoga !

Il n'y a rien de plus simple que de se mettre au yoga. C'est une activité que l'on peut pratiquer seule chez soi et elle ne coûte rien. L'avantage de cette discipline, c'est qu'elle s'adapte à vous. Le mot « discipline » ici ne fait pas référence à un ordre particulier dans la séance, ni à une exigence dans les mouvements. Elle fait seulement référence à une discipline personnelle : celle de connaître assez ses besoins pour savoir ce qui est bon pour soi, celle de s'écouter. Le yoga s'adapte et vous adaptez le yoga à votre besoin et votre forme de l'instant présent. Il existe d'ailleurs une multitude de yogas différents, pour correspondre à une foule de besoins ! Une petite fatigue ? On oriente sa séance vers le mouvement, les postures dynamiques. Un peu trop speed ? On se détend sur son tapis, on réalise des exercices de respiration lente et on médite en mode relax ! Vous êtes maîtresse du déroulement de votre séance et de votre propre bien-être. *Let's do yoga !*

Les 4 raisons de s'y mettre

Ça détend

La pratique du yoga aide à prendre conscience de son corps physique mais aussi de son corps mental. Lors d'une relaxation ou d'une méditation, l'esprit devient plus clair et plus serein, la zénitude et les pensées positives prennent place, votre organisme se met sur pause, et à la fin de la séance vous êtes reposée comme après une bonne nuit de sommeil. Sur le plan physique, certaines postures étirent les muscles, et le corps devient tout de suite plus détendu et plus relax, comme libéré de toutes les tensions accumulées durant la journée. Quant aux exercices de respiration réalisés en pleine conscience, ils vous aident à contrôler votre état mental pour vous amener au calme.

→ C'est le must pour des routines au bureau, en rentrant du travail ou des routines du soir qui apaisent (voir p. 30 et 38).

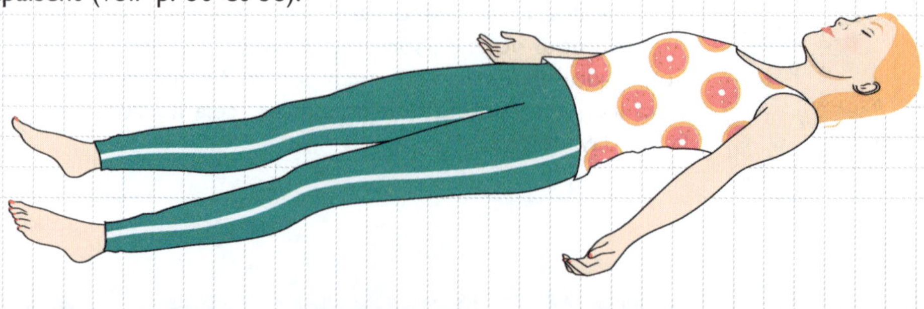

Ça rebooste

Une petite baisse de moral, une nuit trop courte ou tout simplement l'envie de retrouver de l'énergie ? Une petite séance de yoga, même de quelques minutes, peut vous rebooster immédiatement ! La salutation au soleil, par exemple, qui est un enchaînement de plusieurs postures, redynamise le corps en réchauffant les muscles, en assouplissant les articulations et en donnant un coup de fouet au mental ! Après seulement quelques salutations, vous voilà prête à affronter le monde en mode warrior !

→ C'est le must pour des routines matinales, ou quand on a besoin d'un regain d'énergie, par exemple (voir p. 19).

Ça permet de renouer avec son corps

Le rapport que l'on entretient avec son corps peut être difficile parfois et on peut vite se dévaloriser en se renvoyant une image négative de soi. Le yoga nous apporte des vertus physiques grâce aux postures (*asana*), en agissant sur la tonicité des muscles et la souplesse du corps, galbant ainsi la silhouette de manière harmonieuse. Mais les bénéfices ne s'arrêtent pas là. La pratique régulière du yoga vous permet de renouer avec votre corps : vous le voyez bouger, évoluer et réussir des choses incroyables. Vous vous rendez compte de toutes ses qualités, de ce qu'il est capable de faire et du bien-être qu'il peut vous apporter. De quoi en être fière et l'aimer davantage. C'est le body positive ! Le yoga équilibre le rapport du corps à l'esprit, combat la sédentarité, redynamise le métabolisme et la circulation sanguine pour lutter contre le stress oxydatif, les douleurs chroniques et même les excès de poids. En bonus, le yoga redonne confiance en soi et permet de renouer avec son corps sans trop d'efforts !

→ C'est le must pour des routines quotidiennes, à n'importe quel moment de la journée, qu'elles soient dynamisantes ou relaxantes !

Ça permet de prendre soin de soi

Il n'y a pas de meilleur art de vivre que le yoga pour prendre soin de soi ! Cette discipline peut très vite s'apparenter à une médecine parallèle et holistique du fait que sa pratique englobe et harmonise les trois aspects principaux de notre être : le corps physique, le corps mental et le corps spirituel. On parle même de yoga-thérapie quand il est pratiqué pour soulager des maux soudains ou des douleurs chroniques. Le yoga « répare » dans l'instant et à long terme en prévention.

→ Le must le week-end, avec des routines pour récupérer de la semaine et se sentir comme régénérée (voir p. 42). Mais toutes les routines quotidiennes participent aussi au bien-être général !

Je crée mon espace idéal avec une ambiance qui me correspond

Dans la philosophie du yoga, notre corps est en lui-même notre espace de pratique, tout se passe à l'intérieur de nous. Mais pour nous aider, on peut se créer une ambiance propice à la détente ou à la circulation des énergies. Cet espace, c'est le vôtre. Il doit vous correspondre selon l'intention que vous voulez y mettre. Mieux : créer un petit autel est une façon de ritualiser vos routines yoga. En le créant, vous allez émettre l'intention de vous faire du bien. Et par la suite, en vous installant devant, vous repenserez à cette intention. Cela permet d'ancrer en vous votre intention, et cela vous rappelle de toujours pratiquer vos routines en pleine conscience, en souhaitant volontairement vous apporter du bien-être.

Comment faire ?

Choisissez un endroit calme, rien que pour vous. Sur un coin de table, par exemple, installez votre autel pour pratiquer votre séance de yoga. L'idéal, c'est qu'il puisse rester toujours à la même place pour être disponible dès que vous déroulez votre tapis. Faites le vide en vous et posez l'intention de consacrer cet espace à votre bien-être et d'y venir régulièrement pour effectuer vos routines de yoga. Puis placez-y des objets symbolisant cette intention. Vous pouvez y déposer des bougies, de l'encens, un bol tibétain, des pierres naturelles, une plante en pot pour la reconnexion à la terre, un diffuseur d'huile essentielle ou même une enceinte Bluetooth pour mettre une musique que vous aimez. Il y a autant de possibilités que de personnes ! Mais les choses peuvent être plus simples. Une musique d'ambiance, du papier d'Arménie, une lampe de sel, une guirlande qui scintille… Bref, quelque chose qui vous met du baume au cœur, simplement pour que vous soyez dans votre meilleur mood et viviez pleinement votre séance.

Soyez inspirée, libérez votre créativité, faites preuve de gratitude envers vous-même pendant que vous préparez cet espace. Faites de cette ambiance cocooning un vrai moment feel good !

Avant chaque routine, installez-vous devant votre autel, allumez une bougie ou de l'encens. Cela vous permet de vous mettre dans de bonnes conditions pour pratiquer en pleine conscience.

Je trouve la bonne tenue et les bons accessoires

La tenue de yoga idéale est celle dans laquelle vous vous sentez à l'aise ! Elle doit être souple, confortable (sans élastique qui vous cisaille le ventre ou le dos), d'une matière douce (et naturelle), sans coutures qui vous gênent, ni trop lâche, ni trop serrée. Une brassière, un legging en coton à ceinture douce et un top assez près du corps devraient faire l'affaire pour bien commencer ! Vous avez le droit de craquer pour une tenue tendance, car toutes les marques y vont de leur ligne yoga désormais, mais préférez toujours ce qui vous correspond et est confortable. Le yoga se pratique pieds nus ou en chaussettes antidérapantes.

Investissez dans un bon tapis de yoga, impérativement anti-dérapant. Choisissez-le assez fin (3-5 mm) si vous êtes plus une adepte du yoga dynamique où les postures prennent le dessus sur les longues séances de relaxation (par exemple, pour une routine matinale boostante, p. 22), et inversement, plutôt épais (mais pas trop, environ 6-8 mm) si votre séance comporte plus de postures statiques au sol, propices à la détente (comme pour les routines du soir en mode relax, p. 30, les routines récup' du week-end, p. 42…).

Je commence doucement mais sûrement

Elles sont jolies, les filles sur Instagram, dans leurs sublimes tenues de yoga, emmêlées dans des postures invraisemblables… Mais les réseaux sociaux, ce n'est pas la vraie vie. D'autant plus que le yoga, c'est tout sauf ça ! Le but n'est pas de savoir faire la posture sur la tête, d'être souple comme une contorsionniste ou de faire le poirier en avançant sur 3 mètres ! Le yoga, c'est beaucoup plus subtil. Votre pratique doit vous ressembler et être en accord avec vos ressentis (vous pouvez adapter les postures, leur choix et l'intensité au besoin).

La simple idée de vous poser et de vous faire du bien reflète déjà l'art et la manière d'entrer en contact avec votre bien-être, et donc avec le yoga. La règle pour ne pas se faire mal : ne forcez jamais dans les postures, écoutez votre corps. Vous pouvez choisir l'intensité du mouvement et le temps à y consacrer, tout est personnalisable ! Commencez doucement mais sûrement, vous ne pouvez que progresser !

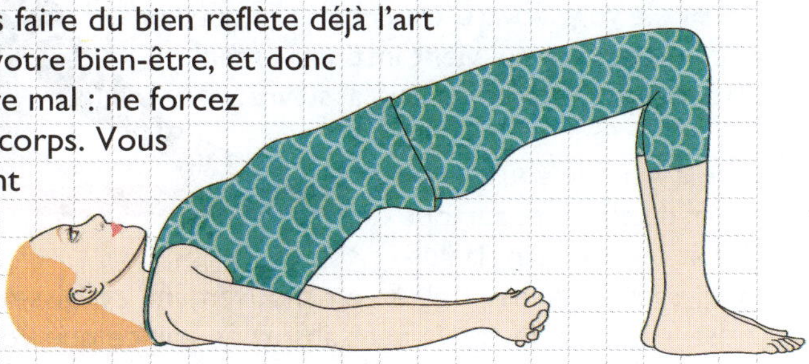

Comment pratiquer le yoga ?

L'avantage du yoga, c'est qu'il peut se pratiquer n'importe où et n'importe quand. Vous avez juste besoin de votre corps, d'un espace suffisant pour être libre de vos mouvements et de vous mettre dans le mood du moment présent, en pleine conscience.

Au quotidien

Votre routine de yoga n'a pas besoin d'être longue, elle doit correspondre à vos besoins du jour. Cela peut représenter quelques minutes ou 1 heure, c'est vous qui décidez en écoutant votre corps et aussi votre tête. Maintenant que vous avez créé votre autel, que vous avez le tapis adéquat et que vous savez identifier quelle routine est faite pour vous, il vous suffit de pratiquer, où vous voulez, quand vous voulez.

Chez soi ou en plein air ?

On peut très bien débuter seule chez soi avec ce cahier ou des vidéos YouTube ! Il est cependant recommandé de faire au moins une séance avec un vrai professeur pour tout simplement corriger votre posture et éviter à votre corps de garder en mémoire de mauvaises positions qui risqueraient à la longue d'avoir des effets néfastes pour votre santé. Les explications détaillées dans ce cahier vous permettront de bien démarrer pour instaurer vos petites routines yoga sans problème ! N'hésitez pas à pratiquer vos routines en plein air, dans votre jardin, dans un parc, sur la plage, en forêt ou en haut d'une montagne, en vacances. Il y a un sentiment de plénitude et de liberté à se reconnecter à la nature. En même temps que vous pratiquez, vous contemplez. Vous allez réapprendre à regarder autour de vous pour trouver votre bonheur dans la simplicité, et dans l'instant présent.

Se faire plaisir en pratiquant le yoga flow

Une fois que vous aurez ancré en vous tous les principes du yoga et que vous commencerez à en maîtriser la pratique physique et spirituelle, vous pourrez vraiment vous faire plaisir en pratiquant le yoga flow. C'est comme ça que l'on nomme le yoga qui vient instinctivement. Pas d'enchaînement précis à suivre ou de « feuille de route », il doit venir de vous, il doit venir du cœur, et surtout il doit être fait dans la fluidité, sans réfléchir. Restez en mouvement et laissez aller votre corps, écoutez-le. Le flow, c'est le fait d'être totalement absorbée par ce que vous faites. Vous créez une unité. Vous ne faites qu'une avec votre pratique de yoga et cette séance n'appartient qu'à vous. Profitez-en.

Des routines de yoga, c'est aussi un état d'esprit !

Le yoga est une méthode de bien-être, mais c'est encore plus : c'est un vrai état d'esprit !

Le yogi spirit passe par des pensées positives

Apporter du bien-être au corps et à l'esprit par la pensée, c'est tout à fait possible ! Nourrissez votre état d'esprit de façon positive pour chasser les pensées négatives et le stress qui en résulte. Toutes les situations de la vie courante peuvent générer un mal-être difficile à gérer. Faire des affirmations positives une routine est une manière simple et efficace de changer votre état d'esprit et de voir la vie en rose ! Le cerveau ne peut pas sécréter à la fois des hormones de bien-être et de stress, alors, en l'incitant à produire de good vibes, vous êtes sûre de barrer la route à la négativité. Chaque fois que c'est possible, ayez des pensées joyeuses et harmonieuses, souriez souvent et donnez une orientation positive à tout ce qui vous gêne ! Voici la voie réelle vers le bien-être !

Ma routine pensée positive !

Tous les jours, répétez-vous à voix haute une phrase positive qui va changer le cours de votre journée, ou même de votre vie ! Par exemple, dites : « Je suis merveilleuse et je mérite le meilleur. » « J'ai des superpouvoirs et je l'accepte. » « Je décide que tout va bien se passer aujourd'hui et demain. »

Le yogi spirit passe par le pouvoir de la visualisation

Notre mental a des superpouvoirs, nous pouvons toutes être des supergirls à condition de savoir comment l'utiliser. La visualisation, autrement dit l'imagerie mentale, a prouvé scientifiquement son pouvoir à plusieurs reprises et dans plusieurs domaines. Ici, on peut faire appel à son propre coach mental et à son imagination pour commencer à visualiser les choses que l'on veut améliorer dans sa vie. Il faut savoir que l'imagination est plus forte que la volonté, elle peut donc être une aide précieuse pour se motiver et se programmer vers un objectif. Il y a mille et une façons de se faire des films pour accroître son bien-être !

Ma routine de visualisation de la réussite

Visualisez-vous, par exemple lorsque les routines yoga feront partie de votre quotidien, avec tous les bienfaits obtenus. Voyez-vous, imaginez toutes les sensations comme si vous y étiez. Il faut que ce soit hyper réaliste. Votre cerveau le prendra alors pour acquis, tous les verrous mentaux vers la réussite de cet objectif auront sauté ! Réalisez cette visualisation 1 fois par semaine, par exemple.

Le yogi spirit passe par la loi de l'attraction

Autrement dit, en version yogi : la loi du karma ! La méditation, et donc le yoga dans sa forme la plus spirituelle, nous invite à comprendre que rien n'est le fruit du hasard et que tout arrive pour une raison. Seulement, cette raison peut être orientée par nos simples pensées et par la manière dont nous réagissons ou surréagissons à ce qui nous arrive dans notre vie. Apprivoiser les choses avec de bonnes intentions, encourager son esprit à penser de manière positive peut à coup sûr attirer le positif, la joie et le bonheur dans sa vie. Plus on s'imagine les choses de façon négative, plus le négatif se fera une place dans notre vie et on pensera immédiatement que nous n'avons pas de chance et que les problèmes s'accumulent (par exemple : « je ne vais pas y arriver » ; effectivement, si vous pensez comme ça, vous n'allez pas y arriver). Mais si tout ce que nous voulons, c'est le positif, alors tout ira bien. Comment ça marche concrètement ? Si on cherche, on trouve : si vous dirigez votre pensée et votre volonté vers un but positif, vous serez tout simplement plus attentive aux opportunités qui vous mèneront à ce but. Alors, n'hésitez plus à demander chaque jour à l'univers les choses qui vont rendront heureuse, faites-le en pleine conscience et avec bienveillance. Rien n'arrive par hasard et vous en avez le contrôle.

Ma routine d'abondance

Prenez 2 minutes le matin devant votre miroir pour dire à voix haute ce que vous souhaitez réellement aujourd'hui. Mettez-y du cœur et de la conviction. Puis visualisez de manière positive le déroulement de cette nouvelle journée. Vous avez un rendez-vous important ? Prenez 30 secondes pour imaginer une tournure plus que positive à ce rendez-vous, tel que vous voulez qu'il se passe. Mettez toutes les chances de votre côté, pour tout ! Vous avez le pouvoir !

Le yogi spirit passe par une attitude feel good

Un état d'esprit yogi, c'est prendre soin de soi. Le yoga est votre allié numéro un pour lutter contre le stress, mais il aide aussi à gérer, appréhender et contrôler vos émotions. Il s'agit de vous traiter avec bienveillance, douceur et amour. Pour cela, faites de la respiration, la méditation et la pleine conscience une routine quotidienne, dans vos séances yoga et en dehors, le plus souvent possible dans la journée. En bref, prenez soin de vous, et avec le smile !

Le yogi spirit, c'est éloigner la dévalorisation

Qu'on se le dise, le yoga, c'est pour tout le monde ! Peu importe votre condition physique. Trop souvent, on se dit : « Je ne suis pas assez souple ! » ; « je suis trop speed, c'est pas pour moi » ; « je suis trop ronde pour faire les postures » ou encore : « je vais pas y arriver ! ». Autant de fausses affirmations qui nous empêchent d'essayer ! On les appelle des croyances limitantes. Partez du principe que vous n'avez pas de limites et faites ce dont vous avez envie, il faut toujours essayer. La plus grande qualité du yoga, c'est qu'il n'y a pas de place pour le jugement, ni pour la compétition. C'est un art de vivre propre à chacun.

Chapitre 2

Mes routines yoga au quotidien

Que vous soyez du matin ou du soir, les routines yoga vous offrent du bien-être au quotidien. Énergie, détente, positive attitude, elles vous apportent de quoi passer une bonne journée !

Ma Miracle morning routine yoga

Pourquoi instaurer une routine yoga dès le matin ?

Le matin est le moment propice pour prendre soin de soi et faire les choses que l'on ne pourrait pas faire durant la journée ou le soir en rentrant, exténuée. C'est simple, ce que vous faites le matin est ce que vous mettez en priorité dans votre vie, car cela ne risque pas d'être bousculé par la fatigue ou les imprévus. Tout est calme, tout le monde dort, vous ne risquez pas d'être dérangée ou interrompue. On parle d'un supplément de vie que l'on s'accorde. Déjà, les premières actions du matin donnent le rythme de notre journée. Si vous démarrez du bon pied en réveillant et en assouplissant vos muscles grâce aux postures, dans une ambiance que vous aimez et qui vous correspond, puis en conditionnant votre mental de manière à ce qu'il soit clair et réceptif aux énergies et pensées positives, votre journée en sera illuminée !

Je célèbre la journée à venir !

Instaurer une morning routine est une façon d'accueillir de façon positive la nouvelle journée, de la commencer en pleine conscience !

Combien de temps consacrer à ma morning routine ?

Le temps vous appartient, c'est à vous de décider combien de minutes vous pouvez consacrer à vos routines sans que cela n'interfère dans votre quotidien. Si vous trouvez impensable de mettre le réveil 45 minutes plus tôt que d'habitude, vous n'allez pas tenir. Mais 10 minutes, c'est faisable, on est d'accord ? 10 minutes peuvent suffire à changer sa vie ! C'est l'intention que l'on met dans ses routines qui compte. Voici une routine express à faire dans son lit. Elle va passer comme une lettre à la Poste et vous apportera déjà beaucoup de bien-être. Et si vous parvenez à vous lever plus tôt, une routine complémentaire de 30 minutes vous boostera pour toute la journée.

Ma routine de yoga dans mon lit (10 min)

Mais quelle idée géniale de commencer sa petite routine de yoga avant de sortir du lit ! Il vous suffit de 5 à 10 minutes. Pour cela, utilisez le temps snooze de votre réveil, non pas pour retarder l'heure du lever, mais pour caler un moment de bien-être tout en gardant les yeux fermés, en ne se réveillant pas totalement et surtout en restant bien au chaud.

Je respire bien avant de me réveiller complètement

Restez sous la couette et faites quelques respirations conscientes et contrôlées. Allongez-vous sur le dos, les jambes et les bras légèrement écartés du corps, les paumes de mains vers le ciel, respirez profondément par le ventre. Vous devez gonfler au maximum votre région abdominale à l'inspiration, puis à l'expiration, rentrer votre nombril au maximum en contractant les abdos. Prenez le temps et respirez à votre rythme. Cette respiration va réveiller en douceur votre organisme et procurer un petit massage des organes internes. De quoi se sentir légère et régénérée pour la journée.

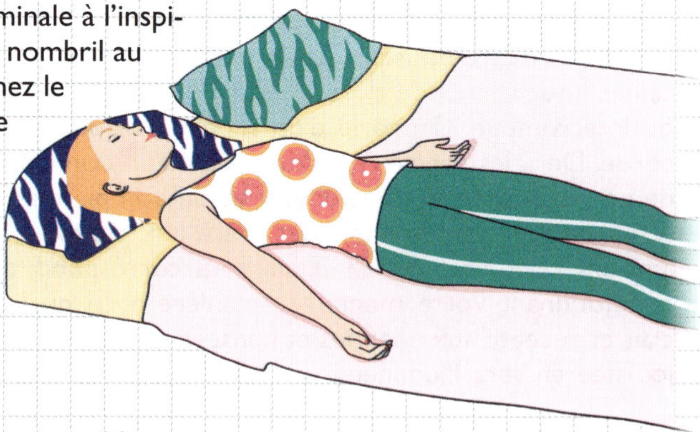

Combien de temps ? Faites 6 respirations au minimum.

Je fais des postures sous la couette

Enchaînez avec des postures qui vont vous réveiller et vous étirer en douceur afin de réchauffer votre corps et le sortir des positions statiques et longues de la nuit. Vous allez vous sentir comme déverrouillée, plus souple et plus légère pour démarrer la journée.

1. La libération des vents

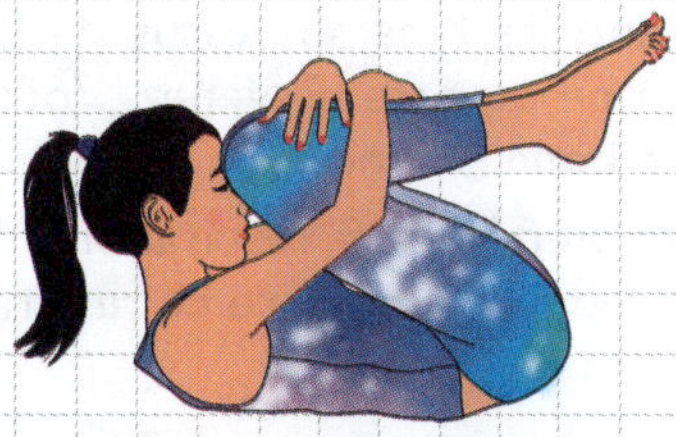

Restez allongée et amenez un genou vers votre poitrine, entourez-le de vos mains. Respirez normalement et, à chaque expiration, profitez-en pour presser un peu plus votre genou contre votre poitrine. Relâchez doucement, puis faites la même chose avec l'autre jambe. À présent, amenez vos deux genoux contre la poitrine, entourez-les de vos bras. Faites 3 respirations, puis, à la dernière expiration, enroulez le haut du dos, la nuque et les épaules de sorte que votre front touche vos genoux. Relâchez.

Combien ? Tenez durant 3 respirations pour chaque genou, puis 3 autres pour les genoux réunis.

2. Le papillon allongé

Toujours allongée sur le dos, joignez vos plantes de pieds l'une contre l'autre. Vous devez sentir l'ouverture de vos hanches. Posez vos mains sur les cuisses et exercez une légère pression pour vous assouplir.

Combien ? Faites 3 longues et profondes respirations en tenant la posture.

3. L'enchaînement chat-vache

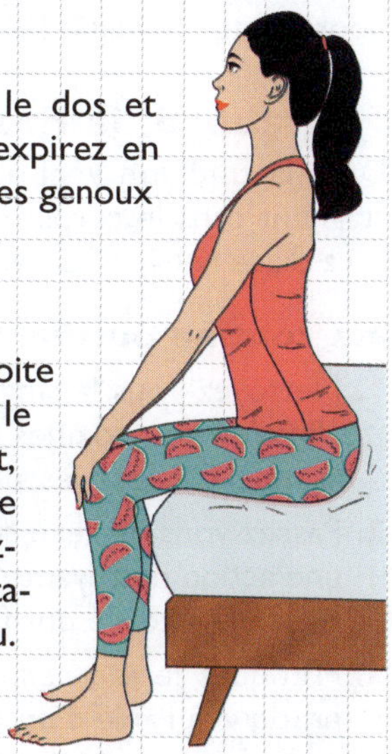

À présent, asseyez-vous sur le bord du lit. Inspirez, grandissez le dos et rapprochez vos omoplates, gardez les mains sur les cuisses. Puis expirez en arrondissant complètement le dos, la nuque relâchée, les mains sur les genoux et le ventre rentré. Faites plusieurs fois cet enchaînement.

4. La torsion vertébrale

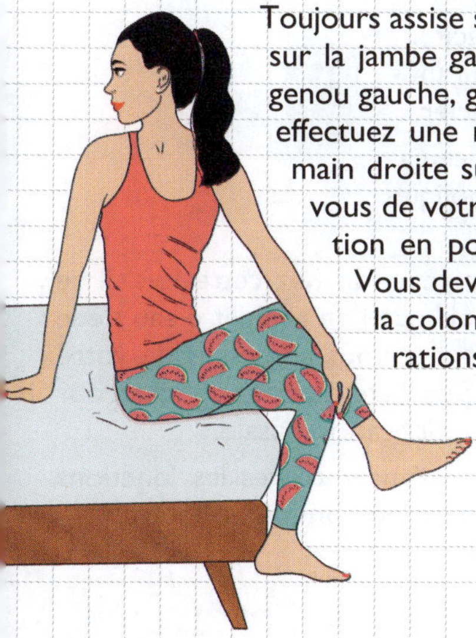

Toujours assise sur le bord du lit, croisez la jambe droite sur la jambe gauche, posez votre main gauche sur le genou gauche, grandissez votre dos, puis, en expirant, effectuez une rotation vers la droite : posez votre main droite sur le lit derrière vos fesses, et aidez-vous de votre main gauche pour accentuer la rotation en poussant légèrement sur votre genou. Vous devez sentir une torsion au niveau de la colonne vertébrale. Faites 2 à 3 respirations dans cette posture en cherchant toujours à vous grandir le plus possible pour assouplir la colonne. Puis, sur une expiration, sortez avec douceur de la posture. Faites la même chose de l'autre côté. Une fois la torsion du côté gauche effectuée, levez-vous, joignez les mains devant la poitrine, expirez, puis inspirez en vous étirant, les bras au-dessus de la tête, les épaules bien en arrière et la poitrine ouverte. Revenez. Vous voilà prête pour démarrer la journée avec bonne humeur !

Combien ? 2 à 3 respirations de chaque côté. Attention à toujours avoir le même nombre de respiration de chaque côté pour équilibrer.

Ma morning routine yoga spéciale énergie ! (30 min)

Un petit coup de mou ? Une mauvaise nuit ? Besoin d'être pleine d'énergie dès le matin ? C'est possible avec le yoga ! Il y a des postures qui réveillent, on peut le dire ! Elles donnent un coup de fouet pour passer une journée du tonnerre ! Êtes-vous prête à faire de la place dans votre corps pour laisser circuler toutes les bonnes énergies et éclaircir votre mental ? Alors, c'est parti !

Une routine énergie, c'est aussi une routine purificatrice !

Le manque d'énergie peut provenir de l'accumulation d'énergies négatives dans notre corps et notre esprit qui deviennent nocives pour notre santé. Purifier son corps des toxines, purifier son mental des idées négatives et purifier son lieu de pratique des mauvaises énergies vous aide à vous délester de ce qui pèse, pour laisser place aux bonnes ondes et vous booster dès le matin !

1. D'abord, je me détoxe

Dans la tradition yogi, il est dit que l'on accumule beaucoup de toxines la nuit, car elles stagnent dans le corps par le manque de mouvements, et qu'il est bon de s'en libérer pour faire place neuve. Cela vous permettra d'être plus légère, et donc de regagner votre énergie.

Ma routine purifiante du matin

1. Nettoyez-vous la langue avec un gratte-langue (en pharmacie), afin d'enlever toxines et impuretés qui s'y sont déposées durant la nuit. Ce sont les petits dépôts blancs que vous allez racler.
2. Passez-vous de l'eau sur le visage et lavez-vous les mains. L'eau a une action nettoyante au sens propre comme au sens symbolique, c'est un acte de purification pour le corps et l'esprit.
3. Pratiquez le *jala neti*, une autre action de purification par l'eau, du nez cette fois. Il se pratique à l'aide d'un « neti pot », une sorte de petit arrosoir que l'on remplit d'eau tiède auquel on ajoute 1 demi-cuillerée à café de sel marin. Penchez-vous au-dessus de votre lavabo, puis positionnez l'embout dans une narine en vous penchant du côté opposé pour faire couler l'eau dans votre narine et ainsi procéder à une irrigation nasale.
4. Buvez un grand verre d'eau à température ambiante pour relancer toutes les fonctions de votre organisme. Le rapport à l'eau est important en externe comme en interne.

5. Prenez le temps de vous poser quelques minutes devant votre fenêtre pour regarder au loin et ne penser à rien. Évidemment, si vous êtes un early bird et qu'il fait encore nuit, posez-vous 2-3 minutes dans votre fauteuil le plus confortable et gardez le regard dans le vague, comme si vous étiez dans la lune (encore).
6. Enfin, déroulez votre tapis dans un coin serein, près de votre autel.

2. Ensuite, je purifie mon espace

Purifiez la pièce dans laquelle vous allez pratiquer votre séance pour augmenter les énergies vibratoires, et ainsi booster votre énergie. Vous pouvez utiliser des pierres et des cristaux de purification : le cristal de roche amplifie le rayonnement des énergies positives de l'endroit, ou la tourmaline noire, placée aux quatre coins de la pièce, crée un bouclier de protection contre toutes les énergies toxiques qui gravitent autour de vous. Vous pouvez faire brûler de l'encens, du bois palo santo ou un bâton de sauge blanche : chez les chamans, la fumigation est un acte de purification ancestral, appelé la « cérémonie de la fumée ». C'est indispensable pour purifier son intérieur, mais aussi son esprit et son âme. La fumée permettrait de chasser toutes les ondes négatives, alors n'oubliez pas d'ouvrir une fenêtre pour qu'elles s'en aillent et laissent place aux ondes positives. Le palo santo appelle la chance tandis que la sauge blanche laisse place à la paix et à la guérison (du latin *salvia*, ou *salvare*, qui signifie sauver, guérir).

Vous pouvez également purifier votre espace, votre corps et votre esprit en posant vos intentions positives pour la journée mais aussi en chantant le mantra OM (inspirez et, à l'expiration, prononcez OOOOMMMMM en faisant vibrer vos cordes vocales et en insistant sur le MMM, lèvres pincées). Ce mantra universel est régénérant. Vous pouvez aussi terminer votre séance de yoga avec le son d'un bol tibétain : les vibrations, ressenties de la tête aux pieds, vous feront vous sentir régénérée !

3. Je me rebooste avec la respiration complète

La respiration complète apporte plus d'oxygène au sang, aux tissus et aux organes, et donc aide à évacuer les toxines en laissant place à l'énergie. Vous allez vous sentir redynamisée ! C'est aussi LA respiration de pleine conscience par excellence, celle que vous prenez le temps de faire et dont vous ressentez tous les bénéfices immédiatement, libre et rechargée !

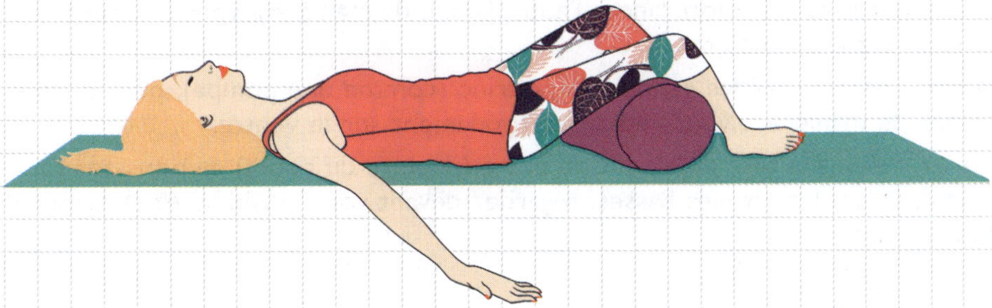

C'est parti !

La respiration complète est une respiration réalisée en 4 temps. Elle doit se pratiquer lentement, dans le calme et si possible allongée. Pour une position plus confortable, vous pouvez placer un oreiller sous vos genoux et un autre sous votre nuque. Écartez légèrement les jambes et les bras de votre corps et restez détendue. Fermez les yeux et expirez avant de commencer.

1. Inspirez doucement par le nez en gonflant votre ventre.
2. Continuez l'inspiration en soulevant également la région moyenne de la poitrine.
3. Terminez l'inspiration en gonflant la poitrine et en rentrant le ventre.
4. Expirez doucement à partir du ventre vers la poitrine en terminant par chasser complètement l'air des poumons.

Recommencez 2 ou 3 fois en enchaînant les étapes.

4. Je m'énergise avec le yoga !

La salutation au soleil est une série de 12 postures à réaliser dans un enchaînement continu. Chaque posture contrebalance la précédente afin d'étirer le corps sans se faire mal. Elle est idéale pour échauffer son corps le matin, faire circuler l'énergie vitale et procurer un grand regain d'énergie.

Une salutation au soleil se compose de 2 parties. La première consiste à réaliser les 12 postures en commençant par la droite (le côté fort, le côté chaud, le côté soleil). Ensuite, on réalise l'enchaînement à gauche. Vous devez faire minimum 3 salutations au soleil par jour pour commencer à voir votre corps s'aligner et s'assouplir ! Une fois que l'enchaînement est bien intégré, il devient fluide et ça ne vous prendra que quelques minutes pour en faire plusieurs tous les matins ! En complément, quelques postures pour aller plus en profondeur dans l'étirement vous permettront d'activer au mieux la circulation des fluides et de vous sentir d'attaque pour affronter la journée en mode warrior !

La salutation au soleil

1. Tout d'abord, **inspirez**, tenez-vous debout, pieds joints, les bras le long du corps.
2. **Expirez**, joignez les mains devant votre poitrine.
3. **Inspirez**, étirez-vous vers le haut et en arrière.
4. **Expirez**, penchez-vous en avant, les mains de part et d'autre des pieds (vous pouvez plier un peu les genoux si vos mains ne touchent pas le sol).
5. **Inspirez**, lancez la jambe droite en arrière (ou la gauche en deuxième partie), posez le bout du pied et le genou comme pour une fente basse, puis relevez la tête.
6. En **bloquant la respiration**, lancez l'autre jambe de manière à vous retrouver en planche, puis regardez entre vos mains.
7. **Expirez**, posez au sol les genoux, la poitrine (comme une pompe), puis le front. Glissez en avant de manière à vous retrouver totalement sur le ventre.
8. **Inspirez**, relevez la tête et le haut du buste (posture du cobra) en poussant sur les mains mais en gardant les épaules basses, regardez devant vous, positionnez le dessus des pieds à plat sur le sol.

La salutation au soleil

9. **Expirez**, repliez vos orteils, poussez dans vos jambes et dans vos bras de sorte à monter votre bassin et à former un V renversé (posture du chien tête en bas), regardez votre nombril, talons poussés vers le sol, coccyx étiré vers l'arrière, dos plat et étiré.
10. **Inspirez**, ramenez le pied droit entre vos mains (ou gauche en deuxième partie), posez le genou opposé et regardez devant vous, de nouveau en fente basse, la tête relevée.
11. **Expirez**, ramenez l'autre pied entre vos mains, tendez les jambes, posez les mains au sol, puis détendez votre nuque et vos épaules en ramenant le menton vers la poitrine. **Inspirez**, bras tendus vers le sol, joignez les mains, regardez le bout de vos doigts et relevez-vous en poussant avec vos bras et vos épaules de sorte à étirer le dos sans solliciter le bas du dos à la montée. Poursuivez en vous étirant vers le haut et en arrière.
12. **Expirez**, revenez à la position de départ, les bras le long du corps. Puis enchaînez avec le côté gauche.

Combien ? Recommencez l'enchaînement complet 3 fois.

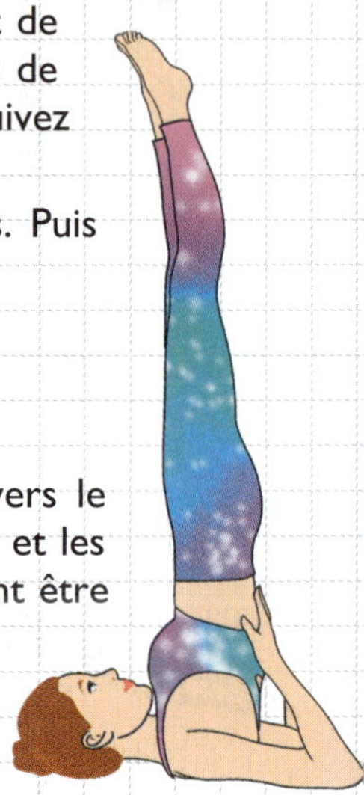

La chandelle

Allongez-vous sur le dos, bras le long du corps et paumes de mains vers le ciel. Levez les jambes à la verticale. Sur une expiration, soulevez le bassin et les fesses et soutenez le bas de votre dos avec vos mains. Vos jambes doivent être tendues vers le plafond, au-dessus de vous. Détendez les pieds. Essayez de garder les jambes bien à la verticale. Le menton est pressé contre le cou.

Combien ? Respirez doucement pendant 1 min.

La charrue

Depuis la posture de la chandelle, baissez la jambe droite au sol derrière la tête. Gardez la jambe tendue (même si votre pied ne touche pas le sol). Remontez la jambe droite et faites de même avec la gauche. Revenez en posture de la chandelle, puis, sur une expiration, descendez les deux jambes au sol derrière la tête. Si la posture est confortable et que vos pieds touchent le sol, reposez les mains au sol et joignez-les dans votre dos. Respirez. Pour sortir de la posture, sur une expiration, déroulez petit à petit le dos, servez-vous de vos abdos et du soutien de vos mains pour revenir au sol en douceur. Il est important que la nuque et la tête ne se soulèvent pas durant la descente.

Combien ? Faites 3 respirations lentes et contrôlées dans la posture.

La pince assise

Asseyez-vous, jambes tendues devant vous. Joignez les mains devant la poitrine, le dos bien droit. Inspirez et étirez vos bras vers le haut. Expirez et penchez-vous en avant de sorte à attraper le bout de vos pieds. Si vous ne touchez pas vos pieds, attrapez vos chevilles. Gardez la posture, le front près des genoux et le dos plat. Inspirez et servez-vous de vos expirations pour aller plus loin dans votre posture, sans à-coup. Pour sortir de la posture, expirez et déroulez votre colonne vertébrale, puis la nuque pour revenir en position de départ.

Combien ? Tenez la posture sur au moins 5 respirations profondes pour accentuer la souplesse.

La demi-pince assise

Restez assise, jambes tendues devant vous. Pliez le genou droit sur le côté de sorte à ouvrir la hanche, et placez votre plante de pied contre la cuisse gauche. Joignez les mains devant la poitrine, inspirez et étirez vos bras et votre dos vers le haut, puis expirez et penchez-vous en avant pour attraper votre pied gauche. Dos plat et front sur le genou. Respirez. Relâchez doucement la posture et changez de jambe. Vous pouvez terminer cet enchaînement en refaisant la posture de la pince avec les deux jambes tendues.

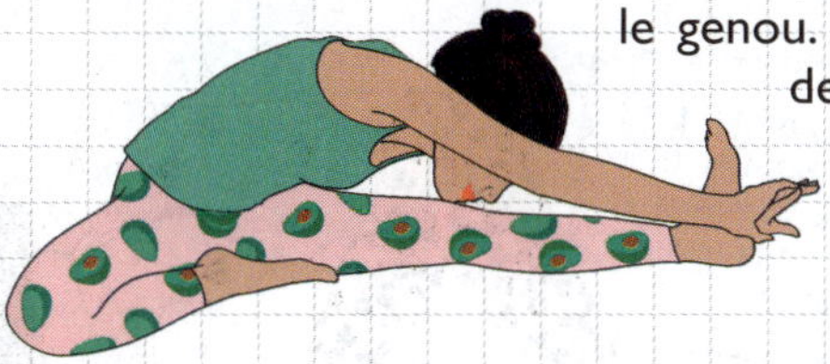

Combien ? Tenez la posture sur au moins 3 respirations pour chaque jambe.

L'arc

Allongez-vous sur le ventre, posez vos mains à hauteur de votre poitrine et votre front au sol. Inspirez et pliez les genoux en ramenant vos talons sur vos fesses. Expirez et attrapez vos chevilles. Inspirez, levez la tête et le buste, poussez dans les jambes pour décoller les genoux et les cuisses du sol. Regardez vers le haut et poussez dans vos mains avec vos pieds. Respirez lentement (sinon vous faites culbuto !). Pour sortir de la posture, revenez en position initiale, inspirez et passez directement à la posture de l'enfant.

Combien ? Pendant 2 à 3 respirations lentes et contrôlées.

L'enfant

Tout de suite après la posture de l'arc, posez les mains de chaque côté de votre poitrine, poussez sur vos mains et vos bras pour venir vous asseoir sur vos talons. Ouvrez les cuisses en forme de V de sorte à laisser la place pour allonger le haut de votre corps au sol. Posez le front au sol. Placez vos bras devant vous ou le long du corps, en arrière. C'est une contre-posture de la précédente, c'est-à-dire qu'on équilibre le mouvement arrière du dos par le mouvement avant pour ne pas le traumatiser. L'enfant est aussi une posture de détente. Prenez le temps de bien respirer profondément et de vous relaxer avant de passer à la suite.

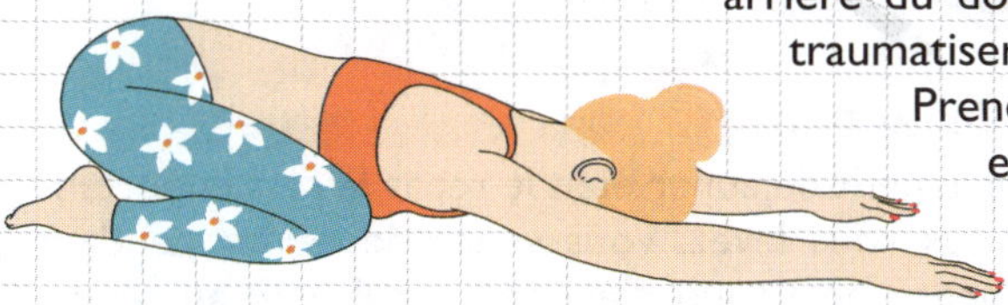

Combien ? Tenez la posture pendant 2 à 3 min.

Le guerrier II

Debout, écartez les jambes 2 fois la largeur des épaules. Mettez les bras en croix, paumes de mains vers le sol. Tournez le pied droit de sorte qu'il soit parallèle à votre bras et perpendiculaire au pied gauche. Regardez vers la droite et faites une très légère fente avant du côté droit tout en ouvrant la hanche. Respirez plusieurs fois avant de revenir en position initiale et de changer de côté.

Combien ? Tenez la posture sur 3 grandes respirations.

Le triangle en torsion

Restez en posture initiale du guerrier II, jambes et bras écartés, pied droit ouvert. Faites une rotation de votre buste vers la droite de sorte que votre main gauche touche votre pied droit et que votre bras droit soit levé vers le ciel. Regardez votre main droite en l'air. Gardez les jambes et les bras tendus. Faites 3 respirations profondes et revenez doucement. Changez de côté.

Combien ? Tenez la posture pendant 3 respirations de chaque côté.

Bonus : cette posture est très énergisante car elle sollicite le corps entier dans sa stabilité et son étirement. Parfait pour la routine yoga boost !

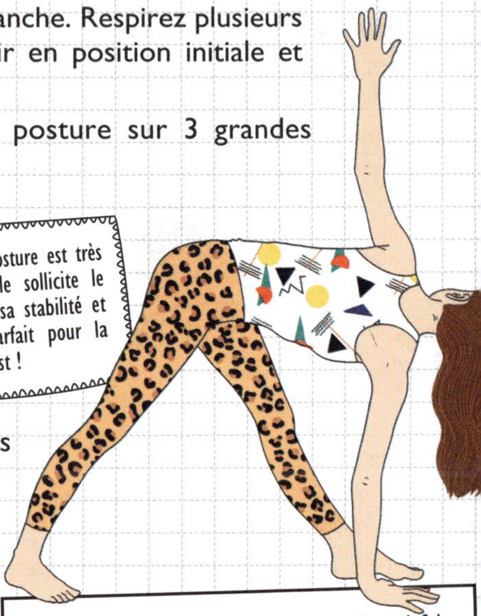

Buvez un grand verre d'eau après votre séance ! Cela vous hydratera et aidera à la bonne récupération musculaire.

5. Je booste ma journée avec le journaling

Vous pouvez dès le matin écrire dans votre Bullet journal®, visualiser d'un coup d'œil vos trackers et faire votre to-do list pour la journée. Que vous soyez la reine de l'organisation ou non, poser des mots et avoir une vision d'ensemble de ce que l'on veut accomplir est une belle façon de prendre soin de soi en boostant son énergie : on sait quoi faire, on a un objectif et un plan de bataille pour y arriver. L'organisation vous dégage du temps pour vous et vous amène plus loin dans vos actions en boostant votre productivité, alors on s'y met !

Et si vous avez un peu de temps, écrivez vos intentions de la journée, vos rêves de la nuit ou passez en mode écriture libre pour apporter un côté feel good supplémentaire à ce rituel !

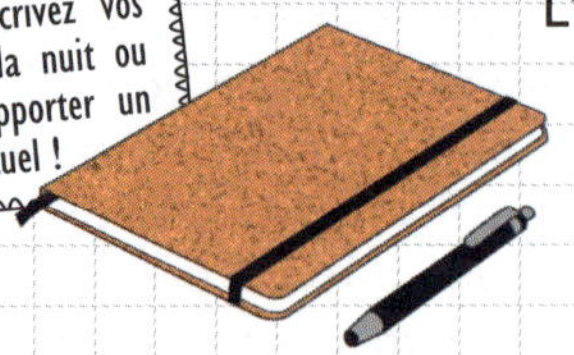

6. Je termine par un petit déj' énergisant

Vous avez certainement déjà entendu dire que le petit déjeuner était le repas le plus important de la journée… Et si c'était faux ? Quand vous vous levez, vous venez de jeûner pendant plus de 8 heures et votre corps n'a pas dépensé beaucoup d'énergie car il était au repos.

Se réveiller, c'est comme sortir d'un jeûne, on ne peut pas ingérer une grande quantité de nourriture au risque de chambouler l'organisme. Cela peut même nous ralentir pour la journée ! Notre organisme a néanmoins besoin d'assimiler des aliments énergétiques pour bien fonctionner tout au long de la journée. Donc, si votre estomac gargouille au saut du lit, mangez. Si vous n'avez pas faim, attendez un peu avant d'avaler quelque chose. Pour s'adapter à votre faim matinale, voici 3 recettes de petit déjeuner healthy, du plus léger au plus complet !

Petit déj' léger : smoothie plein d'énergie

Ce smoothie est une bombe d'énergie à lui tout seul avec un cocktail d'éléments nutritifs tels que calcium, potassium, fer, mais aussi les bons glucides, les bonnes protéines et les bons lipides nécessaires au bon fonctionnement de notre corps et de notre cerveau. Idéal si vous manquez de temps, si vous n'avez pas trop faim ou si vous avez une réunion importante dès le matin, car il est immédiatement assimilable et vous donnera une dose rapide d'énergie ! Vous serez au top de votre forme et de vos capacités intellectuelles.

Ingrédients :

- ½ banane bien mûre
- 20 cl de lait d'amande enrichi en calcium
- 1 c. à s. de beurre de cacahuètes
- 1 c. à s. de poudre de cacao cru
- 1 c. à c. de poudre de protéines de chanvre
- 1 c. à c. de miel ou sirop d'agave (facultatif)

Préparation :

Mixez le tout dans un blender et dégustez sur place ou sur le chemin du boulot !

Petit déj' complet : overnight porridge protéiné et vitaminé

Les flocons d'avoine sont des céréales complètes riches en fibres et en bons glucides, ce qui permet de tenir toute la matinée sans avoir faim. On y ajoute des oléagineux pour les bons lipides et les bons minéraux, ainsi que des graines de chia pour un bon apport en protéine végétale, oméga 3 et calcium. En plus, ces petites graines ont des vertus coupe-faim !

Ingrédients :

- 5 c. à s. de flocons d'avoine
- 1 c. à s. d'oléagineux concassés
- 1 c. à s. de graines de chia
- 10 cl de lait végétal
- 1 c. à c. de sirop d'agave ou miel

Pour le topping :

- des morceaux de fruits frais (fruits rouges, banane, kiwi…)

ou

- 1 c. à s. de purée de fruits non sucrée

Préparation :

La veille, mettez tous les ingrédients dans un verre ou un petit bol. Mélangez bien, puis placez au réfrigérateur toute la nuit. Le mélange va s'épaissir et vous obtiendrez un porridge sans cuisson, sain et gourmand pour le matin. Avant de le manger, placez sur le dessus des fruits frais ou de la purée de fruits. Accompagné d'un thé ou d'un café, votre petit déjeuner est prêt !

Petit déj' très complet : banana bread façon brownie, choco-coco

On peut dire que c'est un petit déjeuner bien complet qui va tenir au corps des plus affamées ! Tous les ingrédients sont réunis pour avoir un apport nutritif complet, avec de bons lipides, glucides et protéines en plus des vitamines et minéraux nécessaires au bon fonctionnement de l'organisme et du cerveau ! Accompagnez votre petit déj' de votre boisson préférée et d'un fruit frais, et le tour est joué ! De quoi tenir jusqu'à la pause déj' ! Préparez-le la veille, puis conservez-le dans un torchon à l'abri de la chaleur de préférence. Il se garde 3 à 4 jours (si vous n'avez pas déjà tout englouti, gourmande !).

Ingrédients :

- 2 c. à s. de graines de chia
- 15 cl de lait végétal (amande)
- 30 g de poudre de cacao cru
- 40 g de noix de coco râpée
- 60 g de poudre d'amandes
- 100 g de farine mix pâtisserie sans gluten (ou farine maïs + riz)
- 2 c. à s. d'huile de coco
- 2 c. à s. de sirop d'érable
- 2 bananes mûres écrasées
- 2 c. à s. de yaourt végétal amande
- 10 g de poudre à lever sans gluten

Préparation :

1. Dans un bol, faites tremper les graines de chia dans le lait végétal et remuez de temps en temps.
2. Dans un récipient, mettez tous les ingrédients secs, poudre d'amandes, noix de coco, farine, poudre à lever, cacao en poudre et mélangez.
3. Ajoutez ensuite les bananes écrasées et le mélange lait + graines de chia. Remuez le tout pour avoir la consistance d'une pâte à gâteau.
4. Dans une petite casserole, faites chauffer l'huile de coco et le sirop d'érable, une fois le tout fondu, ajoutez-le à la préparation. Mélangez pour que la pâte soit bien lisse.
5. Versez dans un plat à brownie et enfournez à 180 °C (chaleur tournante) pour 25 à 30 min. Vérifiez la cuisson avec la pointe d'un couteau.

Et voilà, vous êtes prête pour attaquer votre journée !

Mon evening routine yoga afterwork

Il se peut que vous ne soyez pas du matin… La bonne nouvelle, c'est que vous pouvez instaurer une routine de yoga le soir ! Elle participera tout autant à votre bien-être. Mieux : elle offre des bienfaits bien spécifiques.

Pourquoi instaurer une routine yoga au retour du bureau ?

Pour se relaxer de la journée

Profitez de votre soirée pour prendre 20 à 30 minutes pour vous et faire une séance qui vous détendra après cette journée de boulot, qui vous permettra de souffler ! Une routine yoga en rentrant chez vous vous aidera à évacuer les tensions de la journée, aussi bien physiques que mentales, à vous poser dans l'instant pour faire le vide et à vous ressourcer.

Pour faire une transition avec votre vie perso

Réaliser votre routine au retour du bureau, par exemple, est une bonne façon d'envoyer à votre corps le signe que c'est bon, il est en sécurité, il est de retour chez lui. Cela peut constituer le signal que vous vous consacrez à votre vie perso à partir de cet instant !

Pour remercier pour cette journée et bien la terminer

Réaliser une routine le soir, c'est aussi l'occasion de terminer la journée sur une note feel good, même si elle a été compliquée. Grâce à la pleine conscience, vous faites le vide, vous revenez à l'instant présent, loin du stress, des inquiétudes et des blessures de la journée. Cela vous permet de prendre du recul. Dès lors, vous pouvez apprécier les petits bonheurs de la journée. Pleine du bien-être que vous apporte la séance, vous vous sentez reconnaissante. Un moyen de célébrer cette journée passée et de pratiquer la gratitude, dont on sait qu'elle améliore le bonheur de ceux qui la pratiquent régulièrement !

Le bonus ? À cette heure, vous êtes au top de votre yogattitude !
Saviez-vous que, sur une journée 7 h-22 h, le moment le plus propice pour faire du yoga est aux alentours de 17 h-18 h ? À ce moment de la journée, vous atteignez le pic de votre température corporelle, et cette chaleur vous rend plus souple ! C'est le moment idéal pour se mettre en mouvement et faire ses postures en profondeur, en les tenant plus longuement.

Ma routine yoga spéciale détente ! (30 min)

Pour relâcher la pression et vivre dans le moment présent, il n'y a rien de tel qu'une séance relaxante de yoga : une séance en pleine conscience, en vous concentrant sur votre respiration et en prenant le temps de faire les postures adaptées, va détendre les parties du corps en tension et tout simplement vous relaxer.

Comment procéder ?

Armez-vous de votre tapis et déroulez-le dans votre lieu sacré, cet espace serein, calme, propice à la relaxation et la reconnexion à soi. Créez une ambiance chaleureuse et cocooning pour vous sentir en sécurité et réconfortée avant même de commencer. Allumez une bougie, ou tamisez la lumière. Allongez-vous en posture de détente savasana (sur le dos, jambes et bras légèrement écartés du corps) et fermez les yeux. Prenez le temps de bien respirer et de prendre conscience de votre être en détaillant les sensations de vos 5 sens.

Vous pouvez respirer par le ventre, faire la respiration complète en 4 temps (voir p. 24) ou tout simplement respirer normalement mais calmement. Détendez-vous quelques minutes.

1. Je me relaxe en-tiè-re-ment !

La libération des vents (pour le dos et les épaules)

Restez allongée dans la posture de détente savasana et faites la posture de la libération des vents de chaque côté : amenez un genou près de la poitrine, entourez-le de vos mains puis pressez-le contre le ventre à chaque expiration, faites de même avec les deux genoux contre la poitrine, puis, sur une expiration, montez le front près des genoux. Relâchez la tête au sol et les pieds au sol.

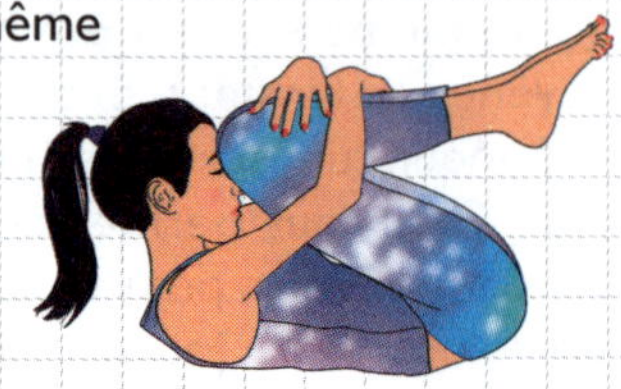

Combien ? Tenez 3 respirations pour chaque genou puis 3 pour les deux ensemble.

Les exercices pour les jambes

Amenez la jambe droite à la verticale au-dessus de vous et entourez-la de vos mains à hauteur du genou. Gardez la jambe tendue et, à chaque expiration, montez les mains vers vos chevilles. Si votre jambe plie, c'est que vos mains sont trop hautes par rapport à votre souplesse du jour. Relâchez doucement et passez à l'autre jambe. À présent, mettez les deux jambes à la verticale et faites un écart. Vous pouvez vous aidez en posant vos mains à l'intérieur des cuisses. Respirez. Étirez, puis relâchez.

Combien ? Tenez 3 respirations pour chaque jambes puis 3 respirations pendant votre écart.

Le chat-vache (pour le dos)

Mettez-vous à quatre pattes sur votre tapis et regardez entre vos mains. Inspirez, creusez le dos, ouvrez la poitrine, levez la tête et regardez devant vous. Expirez, arrondissez le dos, la nuque et la tête, regardez votre nombril. Faites plusieurs fois cet enchaînement à un rythme lent. Décomposez vos mouvements et prenez de bonnes respirations.

Combien ? On répète 5 fois l'enchaînement.

L'enfant retourné (pour les épaules)

Restez à quatre pattes sur votre tapis et placez les avant-bras au sol devant vous. Passez votre bras droit sous votre bras gauche en faisant une torsion du dos et posez votre épaule droite et votre tête au sol. Gardez le bras étiré. Détendez-vous un peu plus à chaque respiration. Vous ne devez pas ressentir de tension mais une relaxation au niveau des épaules, de la nuque et des trapèzes. Sortez doucement de la posture, revenez à quatre pattes et faites la même chose de l'autre côté.

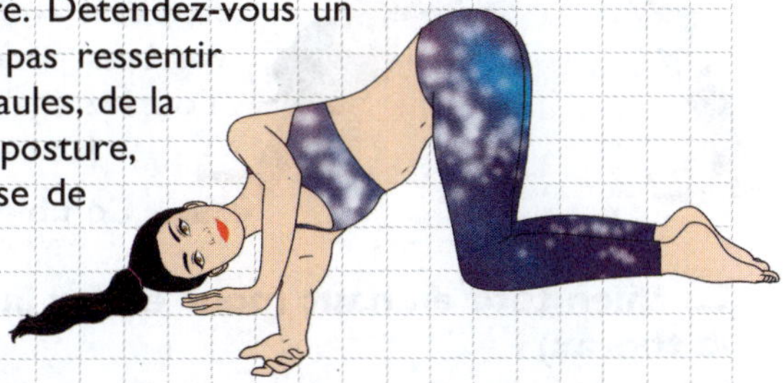

Combien ? 3 respirations de chaque coté.

Le lapin (pour la nuque)

Mettez-vous à genoux, assise sur vos chevilles. Levez les fesses, arrondissez le dos et positionnez l'arrière de votre tête au sol juste devant vos genoux. Imaginez que vous allez faire une roulade. Enroulez bien votre tête, vous devez sentir un étirement et un soulagement au niveau des cervicales. Attrapez vos talons avec vos bras en arrière. Respirez et détendez-vous.

Combien ? 2 à 3 longues respirations.

Le pigeon en flexion avant (pour étirer les cuisses et le fessier)

Démarrez à quatre pattes. Avancez le genou droit devant vous tout en glissant la jambe gauche vers l'arrière jusqu'à ce qu'elle soit tendue. Posez la fesse droite au sol et dégagez le pied droit de sorte que votre genou forme un angle. Posez les mains au sol de chaque côté du genou, gardez le buste droit et les bras tendus. Soyez à l'aise dans votre posture du pigeon : adaptez la flexion à votre niveau de souplesse. Faites une flexion avant du buste, posez les avant-bras au sol et venez vous allonger sur votre genou.

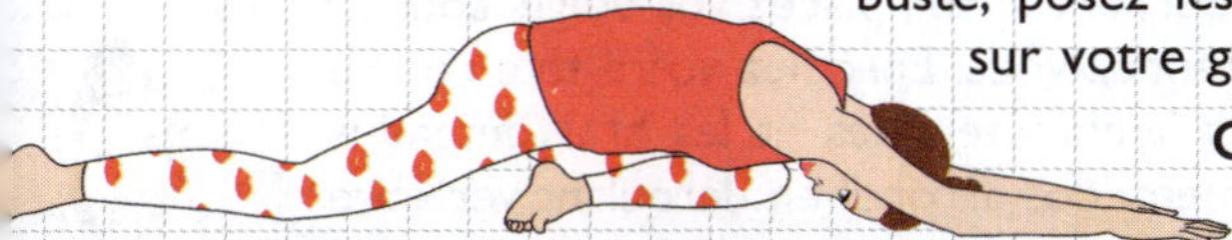

Combien ? On tient 5 bonnes respirations en pleine conscience.

Le pigeon en torsion (pour assouplir la colonne)

Redressez le buste et repositionnez vos mains de chaque côté du genou. Placez votre main droite à la place de la main gauche en faisant une rotation du buste vers la gauche. Regardez derrière vous et essayez d'attraper votre jambe avec la main gauche. Respirez et revenez doucement en posture du pigeon. Essayez de faire la même rotation de l'autre côté même si c'est plus difficile, le but est de faire une torsion de la colonne vertébrale grâce au buste et de regarder derrière vous. Respirez et revenez. Passez en planche haute et changez de côté. Amenez votre genou gauche devant cette fois et faites l'enchaînement de la flexion avant et de la rotation. Terminez en vous remettant à quatre pattes.

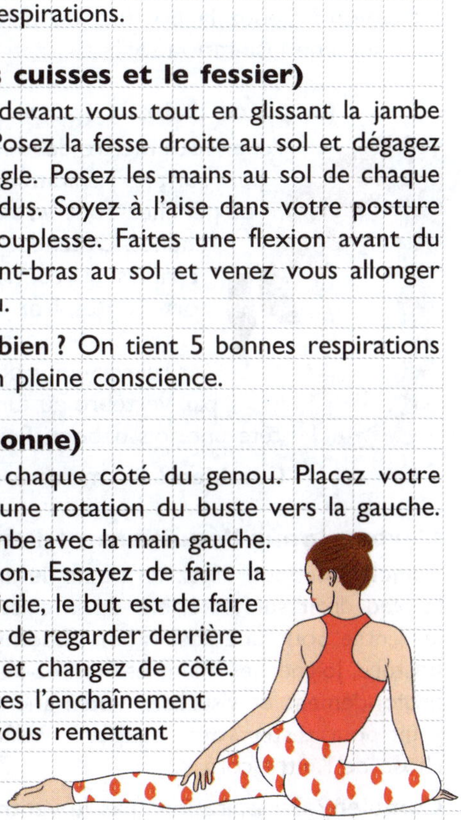

Combien ? 2 à 3 respirations de chaque côté.

Le chien tête en bas (pour le dos et les épaules)

Vous êtes à quatre pattes. Passez en chien tête en bas en poussant dans vos bras et dans vos pieds de sorte à lever les fesses. Votre corps doit avoir une forme de V à l'envers. Poussez bien dans vos bras pour étirer les épaules et regarder votre nombril. Poussez également dans vos talons vers le sol pour étirer les jambes.

Combien ? Tenez la posture sur une expiration longue.

Le chien tête en haut (pour étirer la région abdominale et ouvrir le thorax)

Depuis le chien tête en bas, passez en chien tête en haut en abaissant le bassin et les jambes. Les bras restent tendus, le buste droit et les jambes au ras du sol en vous tenant uniquement sur vos orteils. Vous pouvez enchaîner la posture du chien tête en bas et celle du chien tête en haut plusieurs fois de suite. Pensez à prendre de longues et profondes respirations. À chaque changement de posture, expirez en chien tête en bas et inspirez en chien tête en haut.

Combien ? Tenez la posture du chien tête en haut sur une inspiration longue.

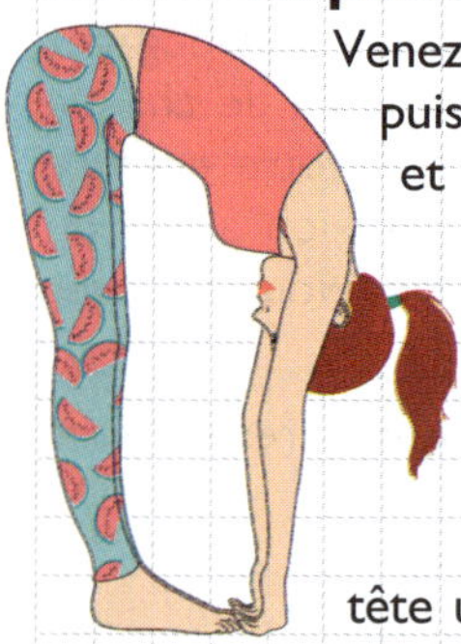

La pince debout (pour relâcher les tensions du haut du corps)

Venez vous mettre debout sur votre tapis. Joignez les mains devant la poitrine puis, sur une inspiration, étirez-vous en l'air en ouvrant la poitrine. Expirez et penchez tout votre corps en avant, dos plat. Gardez les jambes tendues. Détendez complètement les bras, la nuque, la tête et les épaules. Si vos mains touchent le sol, placez vos doigts sous les orteils. Respirez et détendez-vous. Enroulez votre tête contre votre buste, gardez les jambes tendues et les bras détendus et relevez-vous doucement, dos arrondi en déroulant vertèbre par vertèbre au fur et à mesure de la montée. Déroulez votre tête une fois debout. Puis expirez et étirez-vous.

Combien ? Au moins 5 respirations.

L'arbre (pour l'équilibre et l'ancrage au sol)

Toujours debout. Fixez un point devant vous et amenez à l'aide de votre main le pied droit sur l'intérieur de la cuisse gauche. Ouvrez la hanche et sortez le ventre pour une respiration abdominale et plus de stabilité dans votre posture. Joignez les mains et montez-les au-dessus de votre tête. Respirez profondément et visualisez votre ancrage au sol. Essayez de fermer les yeux pour tester votre équilibre. Relâchez la posture et faites la même chose de l'autre côté.

Combien ? 3 respirations par le ventre de chaque côté.

L'alternative 100 % bonheur… le yoga dans mon bain ! (10 min)

Imaginez, vous trempant jusqu'au cou dans un bain moussant bien chaud, seule au monde, mode décontraction activé, l'odeur d'une bougie parfumée, une goutte d'huile essentielle de lavande dans l'eau et Norah Jones en musique de fond… Invitation à la détente, au voyage et à la douceur. Parfait pour se détendre après une journée de travail. Et si, pour plus de bienfaits, on ajoutait quelques postures de yoga ? Oui, vous avez bien lu ! Des postures de yoga dans son bain ! Parfait combo ! Assouplir et étirer son corps permet de se délasser pour apporter du bien-être à son corps et à sa tête après une journée chargée.

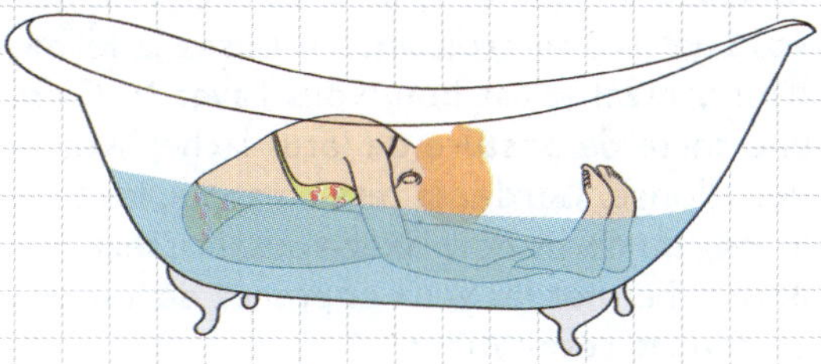

La pince de crabe (pour étirer l'arrière des jambes et le dos)

Asseyez-vous dans votre baignoire, dans le sens de la longueur, jambes tendues devant vous et dos bien droit. Prenez une inspiration et, à l'expiration, penchez-vous en avant, la nuque relâchée. Attrapez le dessous de chacune de vos chevilles et relaxez-vous dans cette posture en faisant quelques respirations. Revenez doucement à la posture initiale.

Combien ? Tenez 3 respirations.

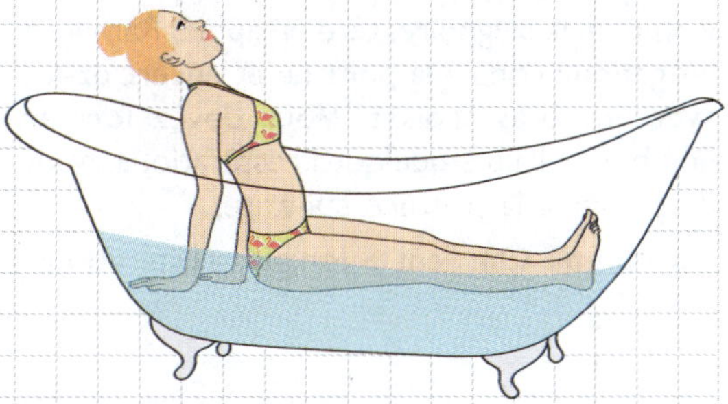

Le poisson rouge (pour relâcher les tensions dans la nuque et les épaules)

Gardez la position assise et les jambes tendues devant vous, puis placez les mains à plat derrière vous, bras tendus. Redressez le buste, sortez la poitrine en avant et creusez légèrement le haut du dos. Expirez et penchez la tête en arrière. Vous devez sentir que vos épaules et votre nuque se détendent. Revenez doucement.

Combien ? Le temps d'une bonne et longue respiration.

La sirène (pour assouplir le dos et la colonne vertébrale)

Restez en position assise, jambes tendues. Placez votre pied droit à gauche de votre jambe gauche. Inspirez et placez votre coude gauche à l'extérieur du genou droit. Expirez et faites une rotation vers la droite en regardant derrière vous. Tenez-vous au rebord de la baignoire avec la main droite. Respirez tranquillement et sortez doucement de votre posture avant de changer de côté.

Combien ? 3 respirations de chaque côté.

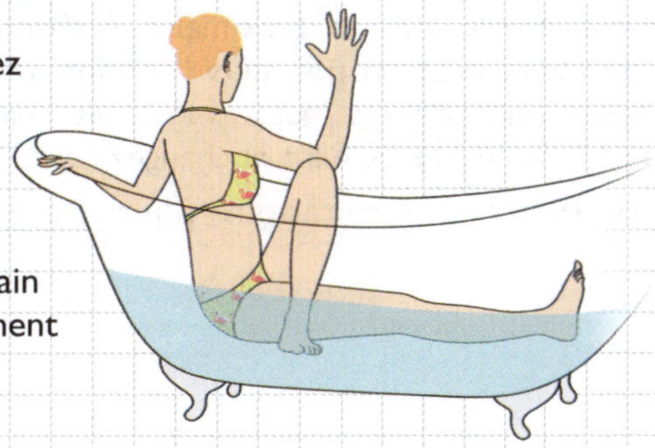

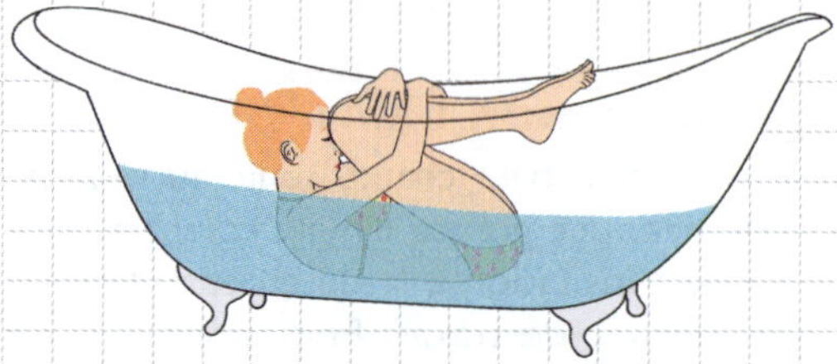

La bulle de savon (pour relâcher les tensions dans le bas du dos)

Allongez-vous dans votre bain en épousant la forme de la baignoire, tête en appui. Ramenez les genoux contre la poitrine et encerclez-les avec vos bras croisés. Vous devez former une bulle ! Faites quelques respirations avant de passer à la posture suivante.

Combien ? On tient 5 longues respirations.

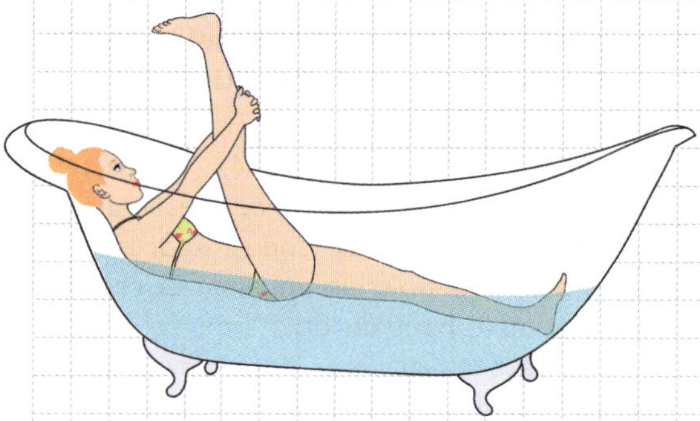

Le bateau sur l'eau (pour étirer et assouplir les jambes)

Allongez-vous au maximum dans votre baignoire. Levez la jambe droite à la verticale au-dessus de vous et venez attraper votre cheville avec les deux mains. À chaque expiration, tirez un peu plus la jambe vers vous à l'aide de vos mains. Ne coulez pas, svp ! Revenez doucement et changez de côté.

Combien ? 3 respirations pour chaque jambe.

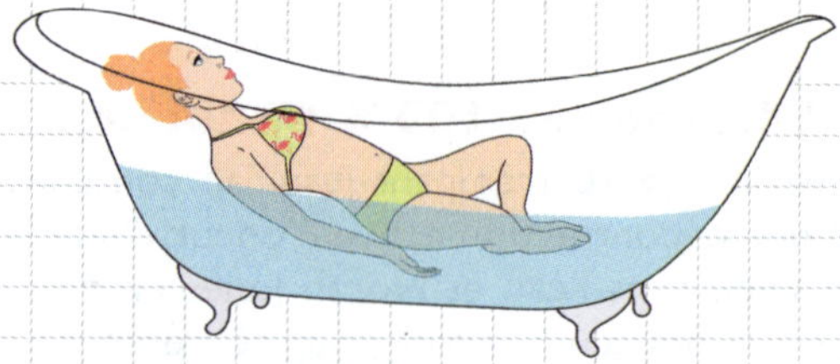

Le nœud marin (pour assouplir les hanches)

Reposez les pieds dans la baignoire et croisez vos jambes de sorte que vos genoux touchent chaque côté de la baignoire et que vos chevilles se croisent. Visualisez la forme d'un bretzel (c'est bon, vous l'avez ?). C'est une sorte de posture de lotus lâche, avec le dos allongé. Gardez la tête en appui, les bras le long du corps et relaxez-vous. Laissez-vous flotter. Fermez les yeux et prenez de longues et douces respirations.

Combien ? Le temps de 3 respirations profondes.

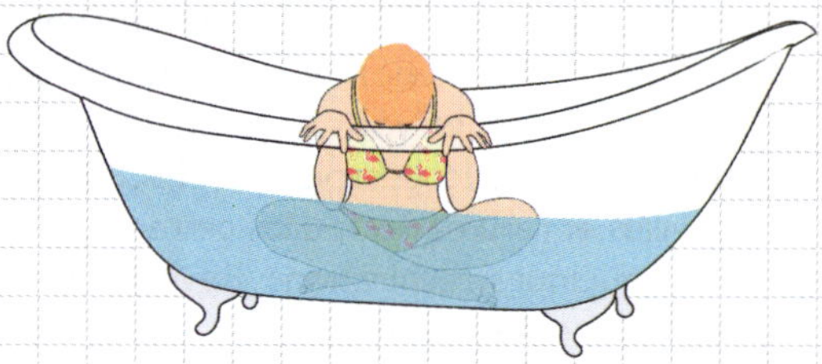

Le touché-coulé (pour se relaxer)

Ne vous avouez pas vaincue et terminez cette petite séance de yoga en venant vous asseoir en tailleur dans le sens de la largeur de votre baignoire (le grand côté face à vous). Posez les mains sur le bord de la baignoire. Inspirez. Expirez et penchez le buste, la nuque et la tête en avant. Regardez vers le bas et posez votre front sur le bord de la baignoire. Restez dans cette posture de détente quelques instants et visualisez tout ce que vous venez de faire. Relâchez toute la pression avant de sortir de ce bain de jouvence !

Combien ? Comptez 5 respirations lentes et profondes pour bien vous relaxer.

2. Je respire pour me détendre (5 min)

La respiration est un excellent moyen de véhiculer l'énergie, mais aussi d'apporter le calme et la sérénité. La respiration *anuloma viloma* est un exercice de respiration alternée. Elle rééquilibre les systèmes nerveux sympathique et parasympathique et déclenche ainsi la détente de tout l'organisme. La respiration alternée permet également de purifier tout le système énergétique et d'oxygéner au mieux le cerveau. Les corps physique, mental et spirituel s'harmonisent pour laisser place au calme.

Let's go !

Le principe de la respiration alternée est d'inspirer par une narine, de retenir son souffle, puis d'expirer par l'autre narine pour laisser le prana (souffle de vie ou énergie vitale) apporter ses bienfaits. Un cycle *anuloma viloma* se compose de 6 étapes.

1. Inspirez par la narine gauche en fermant la narine droite avec le pouce.
2. Retenez votre respiration en fermant également la narine gauche avec votre annulaire et votre auriculaire.
3. Maintenez la narine gauche fermée et expirez par la narine droite.
4. Inspirez de nouveau par la narine droite en laissant la narine gauche fermée.
5. Retenez votre souffle en fermant les deux narines.
6. Laissez le pouce sur la narine droite et expirez par la narine gauche.

Essayez de faire plusieurs cycles. Prenez votre temps à chaque étape.

3. Je fais une séance de méditation (5 min)

Vous pensez que c'est trop difficile de lâcher prise et de se poser quelques minutes sans bouger et en ne pensant à rien, rien du tout ? Sauf que la méditation n'a rien de pénible et, surtout, vous avez le droit d'avoir des pensées ! Il faut simplement savoir comment les filtrer. Dans le monde actuel, notre cerveau est sollicité de toutes parts : par les publicités, la radio, les réunions, les prétendus « divertissements », les infos, les réseaux sociaux, etc. Bref, ça laisse peu de temps au repos, et nos pensées sont envahies en permanence par des tonnes d'informations parasites qui nous bouffent de l'énergie vitale ! On garde des fichiers tampons comme sur un ordinateur, et à force d'accumuler du superflu, notre disque dur (notre cerveau) est plein ! On ne peut pas vraiment changer de machine, mais on peut procéder à un bon nettoyage et c'est là que la méditation entre en jeu. La méditation de pleine conscience calme l'esprit, apaise et éclaircit le mental. Pour une relaxation totale !

Ça y est, je médite !

Posez-vous dans un endroit calme, propice à la détente et donc à la méditation, devant votre autel. Déterminez un temps de méditation, environ 5 minutes pour commencer, vous pouvez programmer un petit réveil avec une musique douce, par exemple. Asseyez-vous de manière confortable, idéalement en demi-lotus ou en posture facile (en tailleur), sur un coussin ou sur votre tapis. Fermez les yeux. Détendez et relâchez vos muscles mais gardez le dos droit. Respirez pleinement et de manière consciente. C'est justement la respiration qui va rythmer votre méditation et vous aider à ne pas partir en état de sommeil, ni à l'inverse en état d'agitation. Entrez en phase de relaxation. Ne penser à rien est pratiquement impossible et ce n'est pas grave, bien au contraire. Laissez simplement les pensées passer sans les juger, sans les commenter ni les embrasser. Elles sont là mais, pour ainsi dire, vous n'y prêtez pas attention. Les pensées ne doivent pas vous procurer d'émotion particulière au risque de vous agiter. Laissez tout filer pour ne garder que l'essentiel, ce qui est vital mais aussi ce qui vous procure un réel bien-être, en bref, ce que vous aimez et qui compte vraiment.

Le temps est écoulé. C'est le moment de prendre une profonde inspiration, d'ouvrir les yeux, d'expirer profondément et de bâiller !

Ma routine yoga dodo (10 min)

Vous avez du mal à vous endormir parce que votre tête est encore bien occupée de la journée ? Du coup, vos nuits ne sont pas réparatrices ? Pas de panique ! Grâce à votre nouvelle routine yoga et quelques postures à faire dans votre lit tous les soirs, vous allez dormir comme un bébé ! Sachez qu'une mini-séance, faite en total lâcher-prise, augmente la détente du corps entier et favorise ainsi l'endormissement, le sommeil et le repos profond. Vous allez faire de beaux rêves…

Ma routine spéciale dodo

Les jambes au mur

Commencez votre séance de yoga en vous allongeant dans votre lit de sorte à avoir un mur en face de vous. Levez les deux jambes et posez-les, tendues, contre le mur. Rapprochez vos fesses si nécessaire. Vos jambes doivent être à l'aplomb de votre bassin. Restez 1 min dans cette posture pour améliorer le retour veineux ou alors 7 min pour que votre sang fasse un tour complet et améliore la circulation. Respirez doucement et en conscience.

Combien ? 1 ou 7 min.

Le happy baby

Pliez les jambes et ramenez vos genoux près de la poitrine. Attrapez l'extérieur de vos pieds et ouvrez les hanches. Levez les jambes et écartez-les, talons vers le ciel. Faites un léger mouvement de pédalier avec vos jambes à l'aide de vos bras en vous balançant d'un côté et de l'autre. Vous devez sentir vos hanches s'ouvrir et votre dos se détendre. Sortez doucement de votre posture après quelques respirations.

Combien ? Pendant 5 respirations.

Le grand angle

Mettez-vous dans le sens de votre lit et en plein milieu. Asseyez-vous, jambes tendues devant vous et dos droit. Écartez les jambes au maximum et penchez-vous en avant, les bras tendus devant vous. Respirez profondément et aidez-vous de chaque expiration pour vous assouplir de plus en plus et approchez le buste du matelas. Sortez de votre posture en rapprochant les jambes petit à petit.

Combien ? On tient 3 grandes respirations.

La torsion allongée

Allongez-vous de tout votre long dans votre lit. Gardez les jambes parallèles et écartez les bras en croix. Pliez la jambe gauche et attrapez votre genou gauche avec votre main droite. Faites une torsion de la colonne vertébrale vers la droite en amenant votre genou à droite de votre corps. Tournez la tête vers la gauche et regardez le bout de vos doigts. Prenez quelques respirations profondes et contrôlées et sortez doucement de la posture en décomposant les mouvements. Replacez votre bassin de sorte à être alignée, puis faites la même chose de l'autre côté.

Combien ? 3 respirations profondes de chaque côté.

Savasana

Vous êtes prête à dormir ? Alors, éteignez votre lampe de chevet et votre téléphone et mettez-vous sous la couette. Allongez-vous, les jambes et les bras légèrement écartés, paumes de mains vers le ciel. Fermez les yeux et concentrez-vous sur votre respiration. Choisissez la respiration abdominale ou la respiration complète (p. 20 ou 24), puis respirez profondément avec conscience. Laissez votre relaxation profonde vous endormir paisiblement. Bonne nuit.

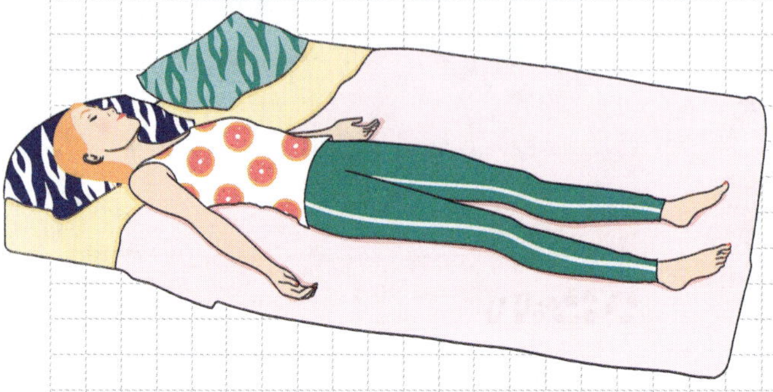

Combien ? Jusqu'au matin : endormez-vous dans cette posture !

Mes 3 autres idées de routines dodo

Je me détends autrement

Il y a tellement de façons de se détendre ! Tout dépend de ce que vous aimez, vous. Il faut que ça vous procure un instant de bonheur intense et de réconfort immédiat tout en restant une petite action qui peut s'inclure dans votre quotidien. Vous pouvez apprécier une bonne infusion ayurvédique après votre repas, lire quelques pages de votre roman préféré au coin du feu, vous masser la plante des pieds pour détendre les tensions du corps entier, écrire un mot doux à une personne que vous aimez, faire un câlin à votre chat, lire une histoire à votre enfant… Autant de petites choses simples, de petits bonheurs de la vie qui sont à portée de main et qui deviennent de vrais moments de détente s'ils sont faits en pleine conscience. Or on sait qu'un corps détendu et un esprit calme permettent de mieux s'endormir. Alors, apaisez-vous. Cocoonez-vous. Prenez soin de vous.

Je laisse parler ma créativité

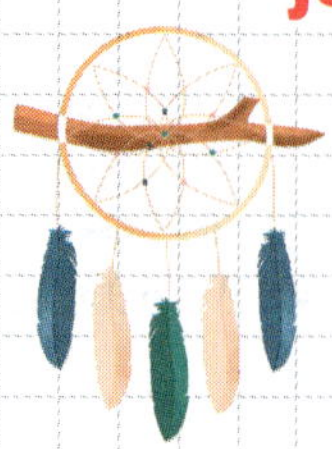

Le soir, nous sommes plus enclines à la créativité et à l'imagination. Les artistes sont noctambules, tout le monde le sait ! Alors, prenez un peu de temps pour laisser libre cours à votre côté artistique. Vous pouvez peindre, dessiner, couper, coller… Vous pouvez écrire, faire des mandalas ou confectionner des attrape-rêves ! Mais vous pouvez également composer de la musique ou chanter des mantras : ils ont des vertus antistress qui permettent de mieux se relaxer, et ainsi ils favorisent l'endormissement.

Je prépare la journée suivante

- Prenez un moment pour noter 3 choses merveilleuses que vous avez faites ou qui vous sont arrivées au cours de votre journée. Laissez place à votre gratitude.
- Ensuite, écrivez 3 objectifs pour la journée suivante. Cela vous fera progresser et améliorera votre positivité. Notez des choses possibles et réalisables, bien évidemment, mais aussi des choses qui vous rendent heureuses.
- Sortez votre Bullet journal® et organisez-vous pour demain ! Vous vous endormirez sereine ! Vous pouvez préparer vos affaires, choisir votre tenue, vous concocter votre petit déjeuner healthy…

Chapitre 3

Ma routine yoga week-end cocooning

Métro, boulot, dodo, ça, c'est la routine de la semaine dont on se passerait bien. Alors, quand arrive le week-end, on active le mode routine cocooning pour prendre soin de soi ! On ne peut pas passer à côté des tâches à accomplir la semaine, mais on peut enfin lâcher du lest le week-end pour décompresser et s'accorder du temps. Lâchez prise, remettez votre check-list à plus tard, faites ce que vous aimez. Surtout, faites-vous du bien au cœur et à l'âme avec des petites choses simples mais idéales pour un bien-être optimal. Avec les routines beauté feel good et détente du corps entier zone par zone de ce chapitre, vous allez pleinement récupérer de votre semaine et vous ressourcer. L'objectif ? Se cocooner en pleine conscience !

Quels bienfaits pour le corps et l'esprit ?

Je récupère nerveusement !

Toute la semaine, on accumule des choses qui ne sont pas forcément reposantes ni pour notre esprit ni pour notre corps : trop d'informations et de blabla qu'on n'arrive plus à filtrer, des tonnes d'actions à accomplir au quotidien en mode pilote automatique, une check-list à n'en plus finir, une charge mentale épuisante… Sans parler de la pression, du bruit, de l'agitation… Bref, notre système nerveux est surstimulé. Vous poser au calme, déconnecter et vous recentrer sur vos besoins avec une routine de yoga vous permettra de récupérer nerveusement.

Je récupère physiquement !

On accumule des tensions, même au niveau du visage (bonjour les rides et les cernes), des yeux (merci, les écrans), dans le corps entier et jusqu'au bout des pieds ! Chaque partie du corps contient des muscles et des nerfs qui peuvent, à force d'être sollicités et contractés, déclencher des douleurs ou des crispations. En cas de stress, par exemple, le corps est plus enclin aux tensions car il est toujours sur le qui-vive, muscles activés. Le yoga peut devenir une vraie thérapie pour le corps et l'esprit en vous aidant à évacuer les raideurs accumulées dans le corps. Dans ce chapitre, vous allez aussi bien apprendre à détendre votre visage qu'à relaxer toutes les parties de votre corps et votre esprit.

Je me ressource !

Avec tout ça, vous n'avez même plus le réflexe de penser à vous et à vos besoins profonds. Se ressourcer, c'est se concentrer sur ce qui est essentiel et ce dont on a besoin, pas ce qui nous est imposé au quotidien. Profitez des gens que vous aimez, faites des choses qui vous apportent du bonheur ou vous passionnent, faites une séance de yoga, lisez un livre au coin du feu ou buvez une tasse de votre thé préféré… Vos nouvelles routines cocooning du week-end vont non seulement vous apaiser mais aussi vous ressourcer.

Par où commencer ?

Quand caler ma routine week-end ?

Voilà, vous avez 1 ou 2 heures devant vous ! Vous pouvez très bien vous poser dans votre canapé, enroulée dans une couverture tel un California roll, avec juste la tête qui dépasse et une main pour vous gaver de vos friandises préférées… ou alors, vous prenez ce temps précieux pour vous occuper de vous pour de vrai ! L'avantage : le week-end, vous pouvez caser une séance de yoga complète qui vous apportera des bienfaits de la tête aux pieds !

Routine beauté, cocooning ou relax ?

Ce chapitre entier est dédié à une routine hyper complète de 90 minutes. Mais vous pouvez aussi choisir le rituel adapté à vos besoins et au moment de la journée.

La routine week-end qu'il me faut…

Vous faites grise mine ?	Optez pour la routine beauté et yoga du visage (p. 55).
Des tensions et des douleurs un peu partout ?	La routine de la tête aux pieds (ci-dessous) est faite pour vous.
Un grand besoin de vous ressourcer et de vous relaxer ?	N'hésitez pas à prendre le temps nécessaire pour une séance complète de la tête aux pieds (p. 44 à 55).

Ma routine yoga-thérapie pour le corps (90 minutes)

Maux de dos, de tête, de ventre ou même douleurs aux jambes… Reconnu comme médecine holistique, le yoga a l'art et la manière d'atténuer les symptômes, les douleurs et les maux localisés dans notre corps ! On s'intéresse ici à la yoga-thérapie pour le corps physique. La yoga-thérapie peut être utilisée en prévention, juste pour se relaxer intégralement (et éviter de futures douleurs) ou alors cibler de petites douleurs. La douleur physique peut devenir très vite handicapante et réduit considérablement notre force mentale. Adopter une routine yoga cocooning, c'est aussi prendre conscience de son être et le réconforter.

1. Je détends ma tête

Les maux de tête, tout le monde connaît. Mais parfois ils sont récurrents et surtout très pénibles ! Le mal de tête peut venir d'une trop forte sollicitation des nerfs optiques (trop d'écrans, de concentration, etc.) qui déclenche une migraine ophtalmique. En yoga, il existe de petits exercices spécialement pour les yeux et pour détendre les muscles oculomoteurs. Mais un mal de tête peut également venir d'émotions trop fortes ou de tensions au niveau de la nuque, des épaules et de la tête elle-même. La crispation entraîne des tensions au niveau de la mâchoire et du muscle sterno-cléido-mastoïdien qui relie le sternum à l'os temporal. Grâce à quelques petits exercices simples, massages et mouvements de yoga, on peut vite faire disparaître un mal de tête et ne plus en avoir !

Mon petit massage crânien cocooning (5 min)

Bien connu de la médecine chinoise, le massage crânien est prescrit pour relâcher les tensions, venir à bout d'une migraine, combattre le stress et les insomnies. Il y a trois zones principales où se concentrent les points énergétiques qui ont besoin d'être stimulés ou massés pour une relaxation complète de la tête. Automasser ces trois zones vous procurera un soulagement immédiat.

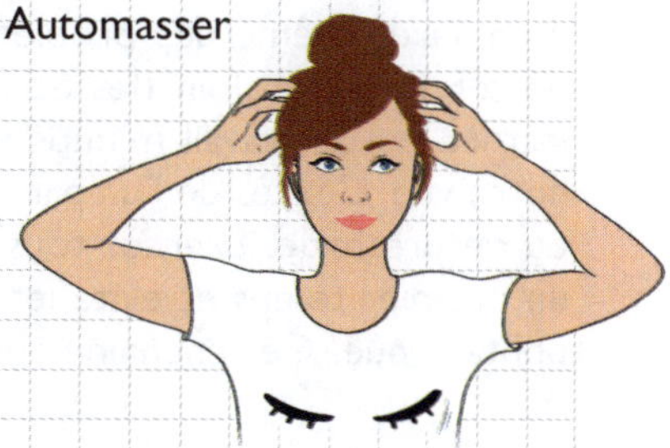

Step 1

Massez-vous du bout des doigts le sommet du crâne dans le sens des aiguilles d'une montre. C'est là que se situe le chakra couronne. C'est le point central et le point de rencontre de tous les méridiens du corps.

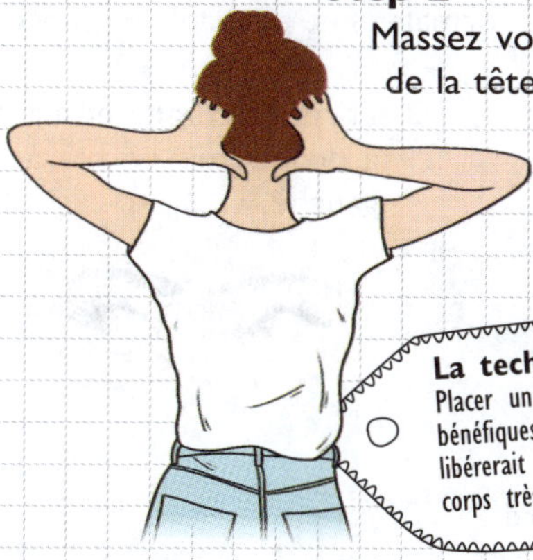

Step 2

Massez votre feng fu ! C'est le point situé dans le creux à l'arrière de la tête, entre le bas du crâne et le début de la nuque. Ce point agit sur le système nerveux tout entier. Faites de petites pressions avec votre pouce et restez appuyée quelques secondes avant de relâcher.

La technique du glaçon

Placer un glaçon sur le point feng fu aurait des actions très bénéfiques sur la santé générale et la guérison. Ce procédé libérerait un maximum d'endorphine, un antidouleur naturel du corps très efficace.

Step 3

Massez-vous les tempes pour libérer les tensions du crâne. Placez deux doigts sur vos tempes et massez en faisant une rotation. Mettez-y plus ou moins de pression selon votre ressenti.

La touche finale : quelques gouttes d'huile essentielle de menthe poivrée

De par ses super-pouvoirs analgésiques et anesthésiques, la menthe poivrée est l'huile essentielle reine contre les céphalées !

Mélangez quelques gouttes à une huile végétale (jojoba, avocat) et appliquez sur les trois zones principales par petits massages circulaires. Les effets bénéfiques vont vite refaire circuler les énergies et atténuer les douleurs.

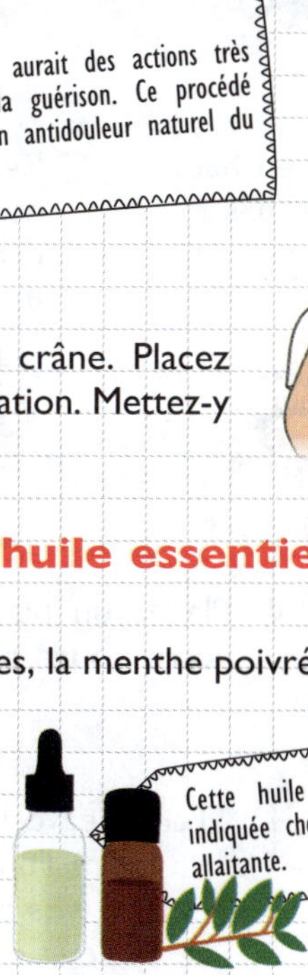

Cette huile essentielle est contre-indiquée chez la femme enceinte ou allaitante.

2. Je détends mes yeux

Nous n'utilisons pas toutes les facultés des muscles oculaires. Nous tournons bien souvent la tête au lieu de tourner les yeux et de porter le regard sur les côtés, en l'air ou par terre. Il en va de même des problèmes de vue. La vie de tous les jours peut nous empêcher de porter le regard loin (les écrans) ou nous déshabitue à regarder de très près (manque de lecture ou de travail minutieux). Or un équilibre des deux est nécessaire pour la santé de notre vue. L'excès de l'un par rapport à l'autre peut en effet accélérer le processus de myopie ou de presbytie. Exercez tous les muscles des yeux grâce au yoga ! Il entretient la vue dans un premier temps et évite les douleurs liées aux regards trop statiques, comme la migraine ophtalmique. Cet enchaînement de petits exercices va prendre soin de vos beaux yeux !

Mon yoga des yeux cocooning (5 min)

Chaque étape doit être réalisée 5 fois de suite. Respirez normalement pendant la séance.

1. Étirez le regard vers le haut puis vers le bas.

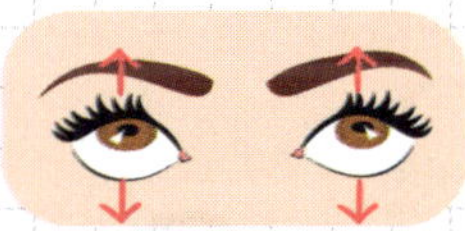

2. Étirez le regard vers la droite puis vers la gauche.

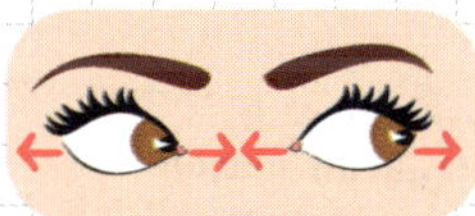

3. Étirez le regard en haut à droite puis en bas à gauche.

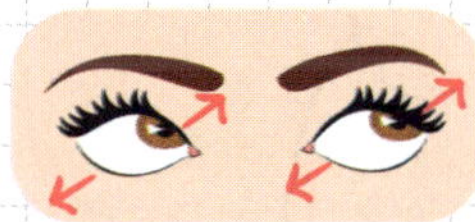

4. Étirez le regard en haut à gauche puis en bas à droite.

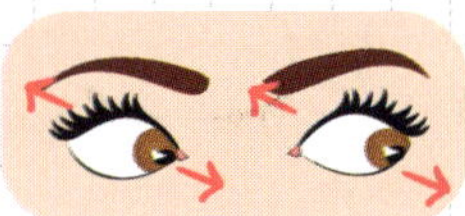

5. Regardez vers le haut et tournez votre regard dans le sens des aiguilles d'une montre.

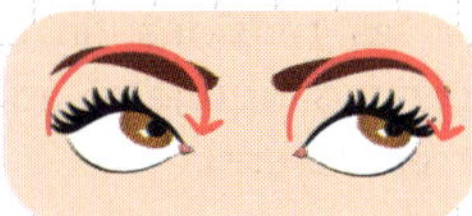

6. Placez un pouce devant vous. Regardez votre pouce puis regardez au loin.

Terminez cette séance de yoga des yeux en frottant vos paumes de mains l'une contre l'autre jusqu'à ressentir de la chaleur. Placez ensuite vos mains sur vos yeux fermés et respirez tranquillement. La chaleur et l'obscurité détendent les yeux après la sollicitation des muscles.

3. Je détends mon cou et mes épaules

Les maux de tête peuvent venir d'une mauvaise posture au niveau du haut du dos ou des tensions liées au stress qui nous font souvent hausser les épaules. La crispation de celles-ci tire sur les muscles du cou et peut générer des douleurs cervicales, qui elles-mêmes génèrent des maux de tête. Remédiez-y et libérez les tensions au niveau du cou et des épaules avec ces quelques exercices !

Mon yoga haut du corps cocooning (5 min)

1. Placez-vous en posture facile (ou tailleur) pour commencer la séance.
2. Baissez la tête en avant en enroulant la nuque (votre menton doit toucher votre poitrine). Puis revenez et amenez la tête en arrière. Répétez 5 fois cet enchaînement.
3. En position initiale, relâchez les épaules et penchez la tête à droite en essayant de venir coller votre oreille à votre épaule. Revenez doucement et faites la même chose du côté gauche. Répétez l'enchaînement 5 fois.
4. À présent, penchez la tête en avant, à droite, en arrière, puis à gauche en revenant en position initiale à chaque fois. Renouvelez 5 fois et faites la même chose dans l'autre sens. Ne tournez pas la tête, décomposez bien vos mouvements pour ne pas vous faire mal.
5. Pour finir, revenez en posture de base, tenez-vous droite et relâchez les épaules. Soulevez l'épaule droite et baissez-la. Faites 5 répétitions avec l'épaule droite, et 5 avec l'épaule gauche. Soulevez les deux épaules et relâchez le plus possible. Sentez les tensions qui se libèrent.

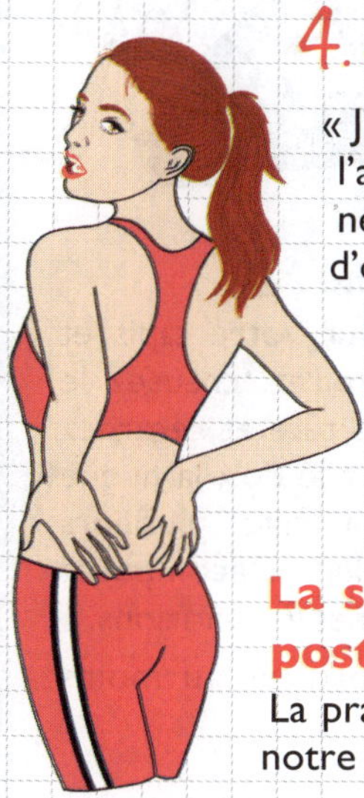

4. Je détends mon dos

« J'en ai plein le dos ! » Voilà une expression récurrente qui résume bien l'accumulation de stress, d'émotions négatives, de choses à faire, les journées qui s'enchaînent, le temps qui passe, et cette to-do list monstrueuse d'obligations quotidiennes qui ne s'arrête pas ! On ajoute à ceci de mauvaises postures, trop d'immobilité, un matelas pas si confortable et un sac à main à la Mary Poppins… résultat : on a mal au dos ! Bien souvent le mal de dos se situe au niveau des lombaires, mais peut très vite monter sur la partie supérieure comme si on portait tout le poids du monde sur nos épaules ! Relax, tout va s'arranger avec quelques postures adaptées !

La solution magique ? L'équilibre postures / contre-postures !

La pratique du yoga physique (les postures) s'articule autour de notre pilier : notre colonne vertébrale. Toutes les postures sollicitent notre colonne, aussi bien les postures du quotidien que les postures de yoga. Tout est une question de posture et de contre-posture. Si vous jardinez, par exemple, et que vous avez toujours la tête en bas, pour vous soulager dès l'apparition des premières douleurs, vous aurez le réflexe de vous pencher en arrière en creusant le dos et en amenant les hanches vers l'avant. C'est normal, le corps essaye de se rééquilibrer pour retrouver une posture normale et stable qui n'étire pas les muscles dans un seul sens. Le yoga soigne le mal de dos en adoptant cette réflexion : une posture sera toujours équilibrée par une contre-posture. Cette séance rééquilibre ainsi les parties du dos et soulage les douleurs. Mais si vous n'avez pas de douleur particulière aujourd'hui, ça marche aussi : la séance relaxera votre dos, pour un vrai effet bien-être !

Mon yoga cocooning pour le dos (10 min)

La pince assise

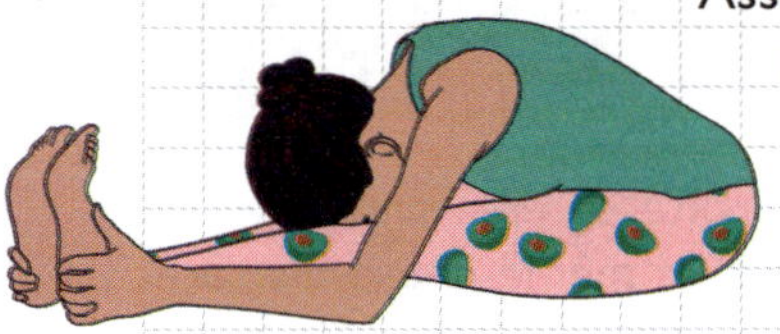

Assise, les jambes tendues devant vous, mains jointes devant la poitrine, dos droit, étirez vos bras vers le haut à l'inspiration et penchez-vous pour attraper le bout de vos pieds à l'expiration. Relâchez bien la nuque. Une fois dans la posture, servez-vous de vos expirations pour aller plus loin dans l'assouplissement.

Combien ? Tenez pendant 5 longues et profondes respirations.

La torsion vertébrale

Assise, les jambes tendues devant vous, placez le pied droit à l'extérieur de votre jambe gauche. Tournez le buste vers la droite, posez la main droite au sol derrière vos fesses et le coude gauche en appui à l'extérieur du genou droit. Sortez la poitrine et respirez. Répétez de l'autre côté.

Combien ? Faites au moins 3 respirations de chaque côté.

L'enchaînement chat-vache

Mettez-vous à quatre pattes sur votre tapis et regardez entre vos mains. Inspirez, creusez le dos, ouvrez la poitrine, levez la tête et regardez devant vous. Expirez, arrondissez le dos, la nuque et la tête, regardez votre nombril. Faites plusieurs fois cet enchaînement à un rythme lent. Décomposez vos mouvements et prenez de bonnes respirations.

Combien ? Enchaînez les deux postures au moins 5 fois.

Mantra

Sois la maîtresse de ton bien-être !

#routine

Evening routine yoga

7 astuces pour ancrer une routine

- Greffez-la sur une routine déjà bien établie
- Mettez quelqu'un dans la confidence
- Privilégiez les moments du lever ou du coucher
- Laissez-vous 1 semaine pour l'adopter
- Écrivez les bienfaits que vous souhaitez obtenir
- Créez un habit tracker
- Faites-vous plaisir !

Tracker antistress

NOTES

NOTES

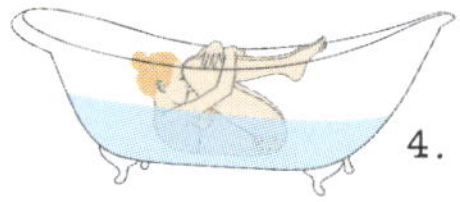
4.

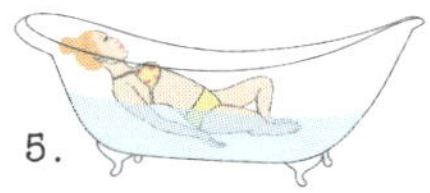
5.

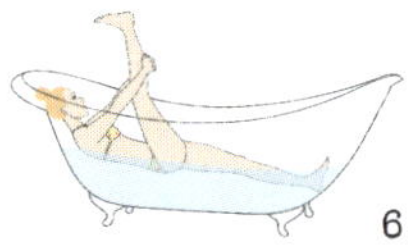
6.

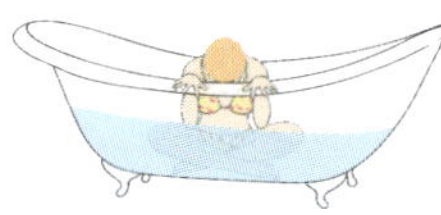
7.

HUILES ESSENTIELLES

- Menthe poivrée contre le mal de tête
- Camphre contre les jambes lourdes
- Estragon contre les douleurs du ventre

À mélanger dans de l'huile végétale pour une routine massage au top !

Légende

Au recto, coloriez la case du jour selon la légende. Vous dessinez ainsi les bienfaits de vos routines yoga dans votre vie !

- Bien dans mon corps
- Bien dans ma tête
- Calme
- Joyeuse
- En colère
- Triste
- Stressée
- Mal dans mon corps et ma tête

MANTRA

De petites routines produisent de grands effets !

#ROUTINELOVER

MY LIFE IS BEAUTIFUL

MON CAHIER

5 min pour détendre ses yeux

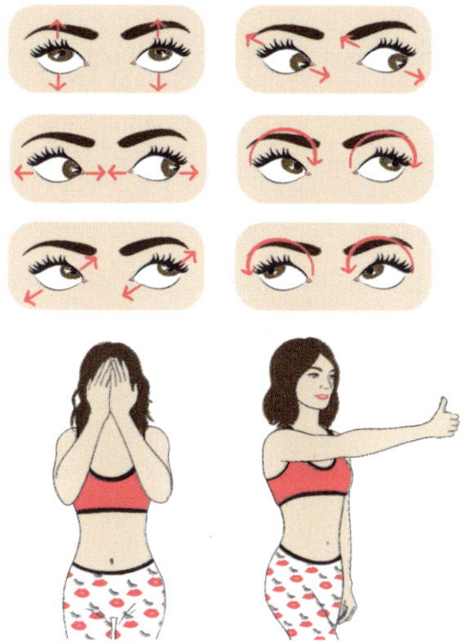

NOTES

4 ROUTINES DE SAISON

Hiver : abusez des infusions de romarin et gingembre.

Printemps : éliminez les toxines avec une cure de jus de bouleau.

Été : buvez de l'eau !

Automne : boostez votre système immunitaire avec une cure de gelée royale.

MANDALA MOOD

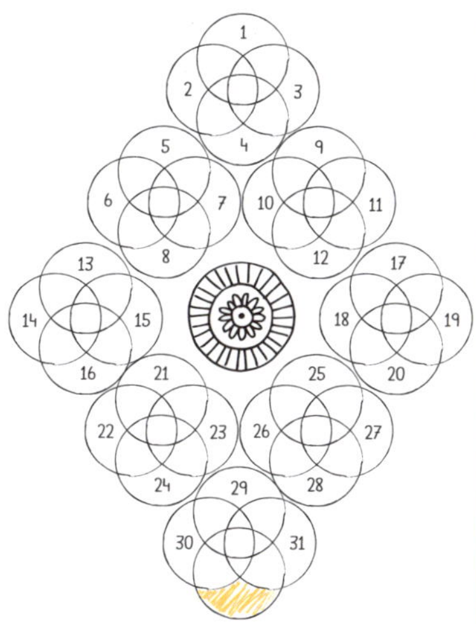

MANTRA

Le bonheur est à portée de main !

notes

5 tips

POUR TENIR
SES ROUTINES YOGA

1• Choisissez des vêtements dans lesquels vous êtes à l'aise

2• Pratiquez dans un endroit où vous vous sentez bien

3• Allez à votre rythme, ne forcez pas les postures

4• Pensez positif

5• Respirez !

★ JUST ★
FEEL
♥ GOOD ♥

Légende

Au recto, coloriez la case du jour si vous avez tenu votre routine de yoga quotidienne.

Visualisez votre régularité et restez motivée !

Porridge

happy morning routine

5 c. à s. de flocons d'avoine + 1 c. à s. d'oléagineux concassés + 1 c. à s. de graines de chia + 10 cl de lait végétal + 1 c. à c. de sirop d'agave ou miel, le tout mélangé et laissé toute la nuit au réfrigérateur

Le pigeon

Depuis la posture à quatre pattes, avancez le genou droit tout en glissant la jambe gauche en arrière et posez la fesse droite au sol en dégageant le pied droit. Votre genou droit est aligné devant vous. Posez les mains au sol de chaque côté du genou, gardez le buste droit et les bras tendus. Faites une flexion avant du buste, posez les avant-bras au sol et venez vous allonger sur votre genou. Restez ainsi pendant plusieurs respirations. Répétez avec l'autre jambe.

Combien ? Au moins 5 respirations de chaque côté.

L'enchaînement chien tête en bas-cobra

Depuis la posture du pigeon, redressez le buste et positionnez vos mains de chaque côté du genou qui est devant vous. Poussez sur vos mains pour relever le bassin et placez vos pieds côte à côte pour vous retrouver en posture du chien tête en bas. Étirez bien le dos, poussez dans vos talons et regardez vers votre nombril. Depuis cette posture, passez dans celle du cobra en ramenant le buste vers l'avant et en allongeant les jambes au sol. Gardez la poitrine et la tête bien hautes. Enchaînez ces deux postures en inspirant en cobra et en expirant en chien tête en bas.

Combien ? Prenez le temps de faire l'enchaînement au moins 3 fois.

L'enfant

Asseyez-vous sur vos talons. Ouvrez les cuisses en forme de V de sorte à laisser la place pour allonger votre buste au sol. Posez le front au sol. Placez vos bras devant vous ou le long du corps, mains vers l'arrière.

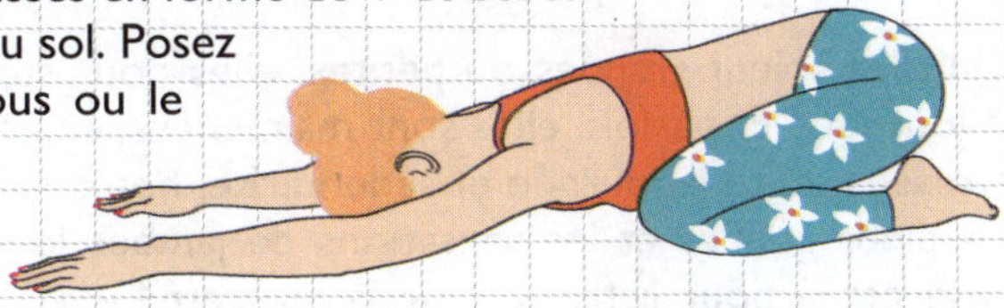

Combien ? Restez ainsi une longue minute… C'est une posture de détente.

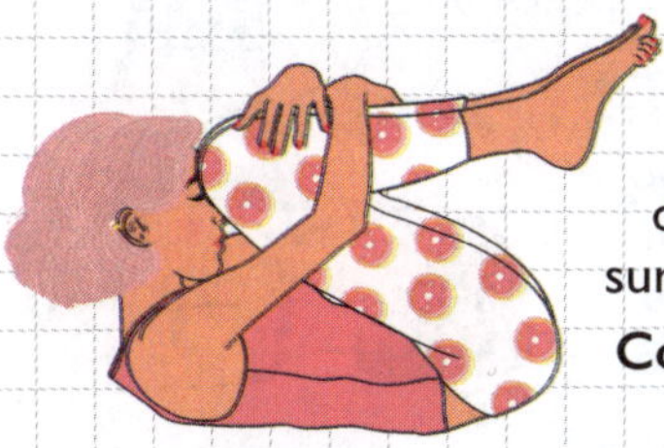

La pierre qui roule

Sur le dos, ramenez les genoux sur la poitrine et encerclez-les de vos bras. Roulez entièrement sur un côté, revenez et roulez sur l'autre côté.

Combien ? Roulez 3 fois sur chaque côté.

Mon massage cocooning du dos (10 min)

Pour soulager les douleurs installées ou juste pour vous chouchouter et vous relaxer, massez-vous le dos. Évidemment, toutes les zones ne sont pas accessibles et, à moins d'avoir un chéri hyper génial qui vous ferait profiter de ses dons de masseur, il faut se contenter de ce que ses propres mains peuvent atteindre.

Cette huile essentielle est contre-indiquée chez la femme enceinte ou allaitante.

Mon huile de massage

L'huile essentielle de gaulthérie couchée est le must des anti-inflammatoires dans la pharmacopée naturelle ! Elle soulage les maux de dos, les douleurs articulaires et musculaires. Bref, à avoir absolument ! Mélangez 2-3 gouttes à de l'huile d'arnica pour un effet encore plus analgésique contre les douleurs.

Mon massage haut du dos

Vous pouvez masser la région des trapèzes (entre la nuque et les épaules) : on accumule beaucoup de tensions à cet endroit et la contraction musculaire peut donner des sensations de brûlure. Vous pouvez utiliser la main droite pour masser le côté droit ou croiser l'autre main par-devant. Procédez en massant du bout des doigts plus ou moins fort et en faisant des petits cercles.

Mon massage des lombaires

Autre région très douloureuse ! Les lombalgies ou même les lumbagos sont de plus en plus répandus ! Utilisez vos deux mains derrière le dos et partez du milieu du dos pour étirer sur les côtés avec la pulpe des doigts. Vous pouvez également faire le même geste en utilisant seulement vos pouces (ou vos poings) pour donner plus de pression et ainsi agir plus en profondeur en cas de douleur.

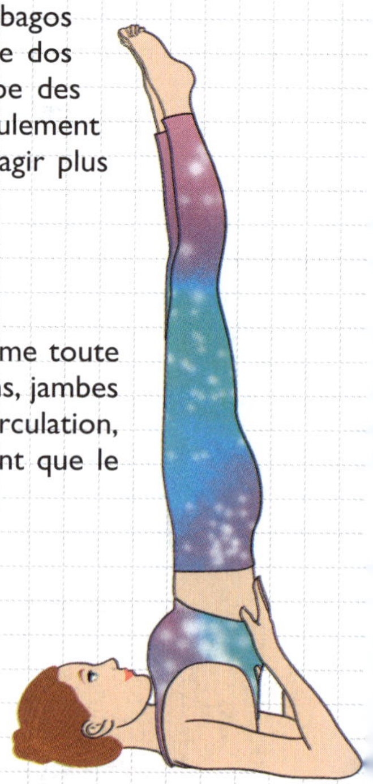

5. J'allège mes gambettes

Qu'elles soient grandes ou petites, elles nous supportent quand même toute la journée ! Et parfois, elles sont malmenées, entre mauvaises positions, jambes croisées toute la journée et sédentarité, bonjour les problèmes de circulation, les pieds gonflés et les sensations de jambes lourdes ! Heureusement que le yoga est là pour retrouver de la légèreté !

Ma séance jolies jambes (10 min)

Pour soulager vos gambettes, vous pouvez faire les différents exercices pour les jambes, puis enchaîner avec la demi-chandelle (ou mettre les jambes contre le mur) pendant 1 à 7 min : 1 minute favorise le retour veineux tandis que 7 minutes permettent au sang de circuler et de faire un tour complet pour plus de légèreté

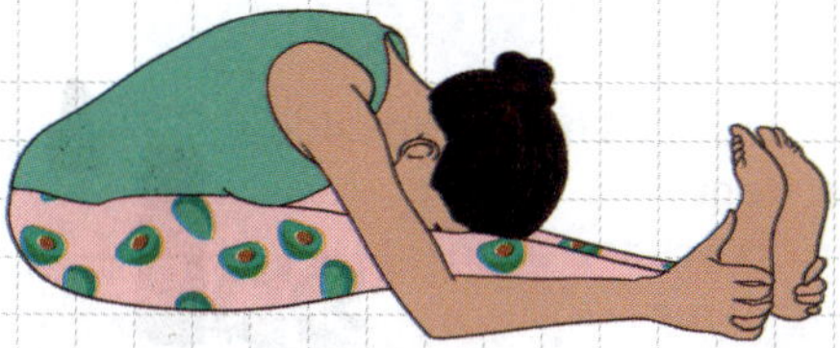

dans les jambes. La posture de la pince assise est recommandée pour étirer l'arrière des jambes et les nerfs sciatiques, ce sont les plus longs et plus gros nerfs du corps humain. Ils partent du bas du dos, passent dans les fesses, derrière les cuisses et terminent derrière les genoux. Au moindre faux mouvement, ils peuvent se pincer à la racine et émettre des douleurs comme des brûlures ou des décharges électriques le long des jambes. La torsion allongée (le crocodile) soulage les tensions liées au sacrum (le bout de la colonne vertébrale), qui peut être comprimé, et aide ainsi à une meilleure circulation des fluides au niveau des jambes.

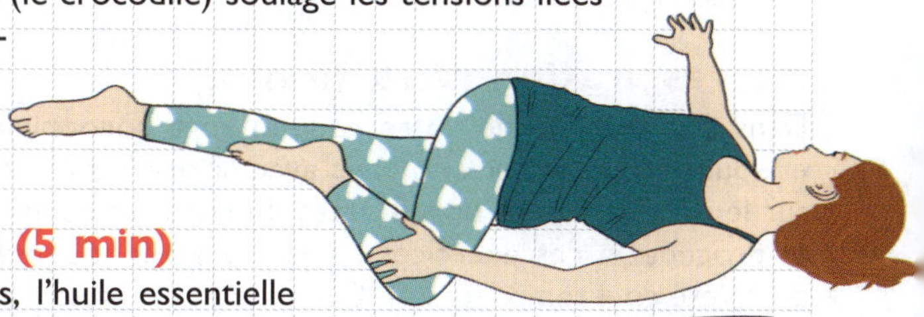

Mon massage jolies jambes (5 min)

Contre la sensation de jambes lourdes, l'huile essentielle de camphre est recommandée. Ses propriétés stimulantes et anti-inflammatoires donnent une sensation de légèreté. Diluez 2 à 3 gouttes dans de l'huile végétale et massez-vous les jambes du bas vers le haut.

> Cette huile essentielle est contre-indiquée chez la femme enceinte ou allaitante.

6. Je cocoone mon ventre

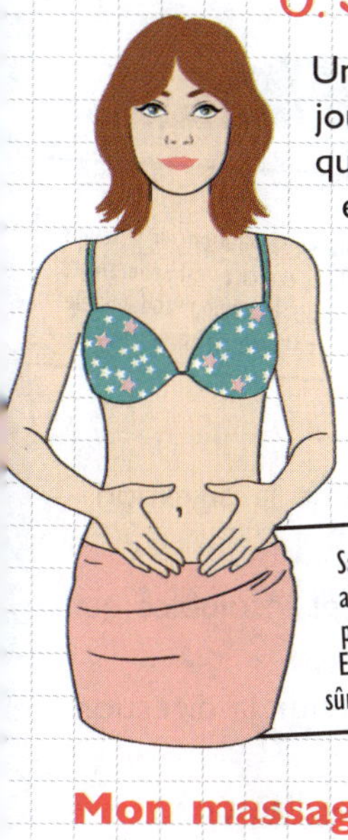

Une contrariété, un stress permanent, une anxiété sous-jacente, un plat du jour mal digéré ou un intestin rebelle, autant de petites choses désagréables qui perturbent le bien-être de votre deuxième cerveau ! Eh oui, notre ventre est un vrai cerveau émotionnel, directement relié à notre cerveau du haut ! Des maux de ventre peuvent vraiment devenir invivables mais, au-delà, un ventre qui se porte bien envoie de bonnes ondes au cerveau, ce qui participe à votre bien-être général. Il est donc important de le chouchouter durant le week-end : de le détendre, d'améliorer la digestion et d'apaiser les émotions, pour qu'il se sente bien confortable et heureux. La pratique quotidienne du yoga, respiration et méditation incluses, peut considérablement améliorer son bien-être en atténuant les effets néfastes du stress. Sans oublier l'alimentation, qui aide à la bonne digestion et à l'équilibre du transit intestinal.

> Savez-vous d'où vient l'expression « Comment allez-vous ? » Elle date du Moyen Âge, où le principal indicateur de santé était : les selles ! Eh oui, c'est une vraie question de santé. Pour sûr, vous êtes impatiente de connaître la réponse !

Mon massage du ventre relax & cocooning (10 min)

Sans s'en rendre compte, on peut accumuler des tensions au niveau du ventre, ce qui peut vite engendrer des compressions sur les organes et limiter nos facultés digestives. En cas de stress ou de surmenage, le plexus solaire a en effet tendance à se bloquer. Il est le point central de nos émotions. Un simple geste peut vous aider à détendre votre ventre et ainsi améliorer les capacités de votre organisme.

Diluez 2 à 3 gouttes d'huile essentielle d'estragon avec de l'huile d'amande douce. Les propriétés antispasmodiques de l'estragon vont vite libérer les tensions de la région abdominale et vous soulager. Procédez à un massage circulaire dans le sens des aiguilles d'une montre sur tout le ventre, en partant en bas à droite et en remontant jusqu'au plexus solaire. En période de règles, vous pouvez faire un massage circulaire uniquement autour du nombril pour soulager les douleurs.

Cette huile essentielle est contre-indiquée chez la femme enceinte ou allaitante.

Ma respiration relax (5 min)

Dans la continuité de votre routine yoga cocooning, vous pouvez cocooner votre ventre et soulager vos maux éventuels avec la respiration. Allongez-vous dans la posture savasana, sur le dos, jambes et bras écartés du corps et paumes de mains vers le ciel. Détendez-vous et procédez à ces exercices : respirez profondément par le ventre ou faites la respiration complète en 4 temps (p. 24). Concentrez-vous bien sur l'inspiration et l'expiration. Visualisez les bienfaits du prana (énergie vitale) qui circule à l'intérieur de vous. Votre ventre va s'assouplir et vos organes seront comme massés de l'intérieur.

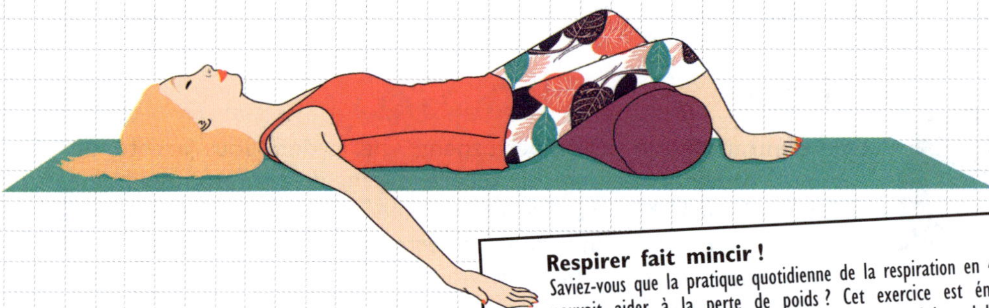

Respirer fait mincir !
Saviez-vous que la pratique quotidienne de la respiration en 4 temps pouvait aider à la perte de poids ? Cet exercice est énergivore et brûle des calories ainsi que les graisses de la région abdominale. Encore une bonne raison de prendre le temps de bien respirer, non ?

6 règles de l'alimentation feel good pour le ventre

N'oubliez pas d'avoir une bonne alimentation pour optimiser les principes de la digestion.

1. Misez sur les fruits et légumes de saison (faciles à digérer).
2. Mangez des céréales complètes pour un bon apport en fibres solubles et insolubles qui favorisent le transit intestinal.
3. Buvez chaque jour 1,5 litre d'eau en dehors des repas pour ne pas ralentir la digestion mais pour assurer le bon fonctionnement du transit.
4. Évitez les plats trop gras, trop épicés et trop copieux qui ralentissent la digestion.
5. Limitez la consommation de caféine qui augmente l'acidité gastrique.
6. Surtout prenez le temps de manger en pleine conscience.

7. Je me libère de mes émotions

On peut passer par toutes sortes d'émotions durant une seule journée, et bien souvent on les stocke dans un tiroir de notre tête. On ne s'en libère pas vraiment ! Plus le temps passe, plus elles s'accumulent et plus elles prennent du poids ! Cela peut devenir pesant car les idées se brouillent et ça vous empêche d'avancer, aussi bien dans vos réflexions que sur le plan physique, car cela fatigue. Les émotions peuvent très vite devenir un fardeau, qu'elles soient très négatives ou même… positives. Car, oui, les émotions trop positives peuvent générer beaucoup d'excitation et nous épuiser. Si vous n'exprimez pas suffisamment vos émotions, vous les gardez en vous au point de développer de gros coups de blues. Libérer ses émotions, c'est faire place aux belles et calmes pensées positives qui vous guideront pour atteindre un meilleur état d'esprit, et donc plus de bien-être !

Ma routine yoga des émotions (5 min)

Chez les yogis, on considère que le bassin est une région où se stockent les émotions, qu'elles soient actuelles ou passées. Cette zone est le deuxième centre énergétique, elle gère les liquides du corps ainsi que les états émotionnels. Pratiquer des postures d'ouverture des hanches et du bassin peut aider à la libération émotionnelle comme un véritable nettoyage énergétique, une détox en somme ! On se déleste des émotions négatives, et ça soulage vraiment l'esprit, le corps et le cœur.

Le papillon

Assise au sol, les genoux repliés sur les côtés et les plantes de pieds l'une contre l'autre. Entourez la pointe de vos deux pieds avec les mains. Tenez-vous droite et procédez à un mouvement des hanches pour monter les genoux vers le haut, puis redescendez-les près du sol. Papillonnez tranquillement. Vous devez sentir les hanches s'ouvrir.

Combien ? Montez et descendez les genoux une dizaine de fois.

La tortue

Assise, jambes tendues devant vous, faites un écart maximum avec vos jambes. Expirez et penchez votre buste en avant en essayant de toucher le sol avec votre front. Placez vos bras, tendus, sous les genoux. Faites des respirations profondes et sortez doucement de la posture.

Combien ? Tenez la posture 30 s.

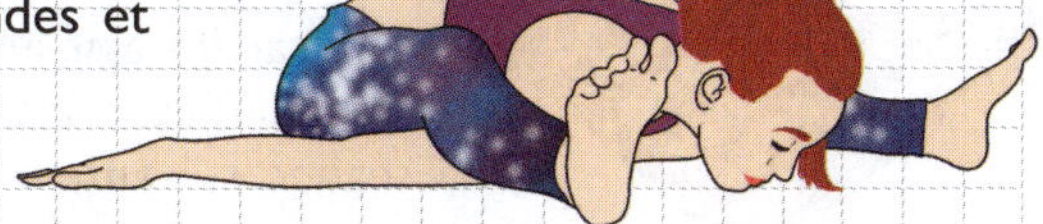

La grenouille

À quatre pattes, posez les coudes au sol. Écartez au maximum les genoux. Idéalement joignez vos gros orteils. Placez le poids de votre corps dans vos hanches et sentez votre bassin s'assouplir. Respirez et sortez doucement de la posture.

Combien ? Restez dans la posture pendant 3 respirations.

Ma réflexologie plantaire spéciale détox émotionnelle (5 min)

En réflexologie plantaire, les pieds sont comme la cartographie du corps entier. On y retrouve les points correspondants aux organes et au squelette. Ainsi peut-on déterminer au toucher quelles zones sont à traiter. On peut y faire la lecture psycho-émotionnelle de notre être. Les pieds et les émotions sont intimement liés, c'est pourquoi la réflexologie plantaire, ou même le simple toucher par massage global, permet aux initiés d'identifier les émotions négatives mais aussi de les libérer, et ça, tout le monde peut le faire. Massez-vous les pieds et stimulez toutes les zones de la voûte plantaire pour un effet détox émotionnelle, bien-être et détente générale. Vous pouvez utiliser vos mains pour le massage, une boule d'acupression avec des picots ou tout simplement une balle de tennis à faire rouler sous votre pied. Détente garantie !

8. Et pour finir : je booste mon bien-être global avec l'acupression

La recommandation : tapis et coussin d'acupression Vivezen, chez Nature & Découvertes.

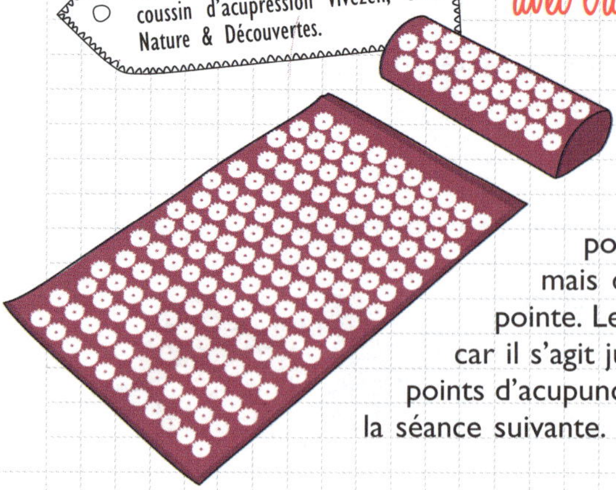

L'acupression est inspirée des bienfaits de l'acupuncture de la médecine chinoise, les aiguilles en moins ! Le principe ? Rééquilibrer les énergies du corps et rétablir leur circulation à travers les méridiens en exerçant une pression sur des points stratégiques, non pas à l'aide d'une aiguille, mais du bout des doigts ou de petits stimulateurs en pointe. Le must : vous pouvez faire vos séances à la maison, car il s'agit juste d'exercer des pressions avec la main sur les points d'acupuncture, ou d'utiliser un tapis de fleurs comme dans la séance suivante.

Ma séance d'acupression feel good avec le tapis de fleurs (15 min)

Le tapis de fleurs est constitué de centaines de stimulateurs en forme de fleurs qui se terminent en pointe afin de stimuler plus de 5 000 points d'acupuncture en même temps, sur tout votre corps. Il vous suffit de vous allonger sur votre tapis une quinzaine de minutes (en tenue de yoga idéalement), et de laisser les fleurs faire leur travail. Une stimulation simultanée sur le corps entier va libérer des endorphines et agir comme analgésique pour atténuer toutes les petites douleurs et procurer une profonde sensation de bien-être. Le tapis de fleurs est excellent en complément d'une séance de yoga : l'astuce est d'en profiter pour faire votre méditation une fois la séance terminée. Cela vous apportera du calme, réduira le stress, les insomnies, les tensions, les contractures et la fatigue liés à une mauvaise circulation des fluides énergétiques. Il existe un coussin à mettre sous votre nuque et votre tête, idéal contre les migraines et les douleurs cervicales ! Vous pouvez également ne poser que la plante des pieds sur le tapis et ainsi stimuler les zones de réflexologie !

Je me chouchoute

Quand on évoque une routine week-end cocooning, on pense tout de suite à une routine skincare, pour prendre soin de sa peau, emmitouflée dans son peignoir, avec des rondelles de concombre sur les yeux ! Vous avez raison, le week-end est idéal pour soigner sa beauté extérieure aussi ! Déjà, parce qu'on accumule des impuretés avec la pollution et le stress, mais aussi parce qu'on a enfin le temps de laisser poser son masque 20 minutes ! Se chouchouter, c'est aussi faire un gommage, un masque, mettre de la crème, autant de petits gestes qui nous réconfortent car on sait qu'on est en train de faire quelque chose pour soi. Et puis, le toucher, les odeurs, les textures... Des petits détails qui nous font encore plus plaisir durant ce moment cocooning. Alors, faites-vous du bien, de la tête aux pieds !

Ma routine yoga beauté du visage

Vous aviez l'habitude de laisser poser votre masque à l'argile pendant 10 minutes le dimanche soir en guise de routine beauté ? Les choses vont changer ! Prendre soin de son visage, ce n'est pas seulement exfolier les impuretés et se tartiner de crèmes pour avoir une peau de bébé. En effet, notre visage est composé de plus de 40 muscles dont on se sert tous les jours pour parler, manger ou montrer ses émotions. D'ailleurs, saviez-vous qu'on sollicite plus de muscles pour froncer les sourcils que pour sourire ? Autant de petits muscles qui peuvent accumuler des tensions

par trop de sollicitations ou au contraire être la cause du relâchement cutané prématuré. Alors, pour avoir un joli minois, détendez votre visage grâce au yoga !

Le yoga du visage, à quoi ça sert ?

La mauvaise humeur, les émotions négatives et le stress permanent entraînent une crispation au niveau des muscles du visage et cela peut empêcher les fluides (sang, lymphe, fluides énergétiques) de bien circuler. Une mauvaise circulation du visage peut causer tout ce que nous n'aimons pas voir dans le miroir : les cernes, les poches, les rides, le visage qui tombe et un manque de tonus. Faire grise mine prend tout son sens ! Rappelez-vous la dernière fois qu'on vous a dit : « T'as une p'tite mine, t'as mal dormi ? » Ce n'était pas plus tard que ce matin ! Adopter la bonne méthode de yoga et faire travailler consciemment les muscles du visage par des gestes adaptés va vous aider à stimuler les points énergétiques, à raviver la circulation des fluides, libérer vos émotions et ainsi détendre votre visage en profondeur pour retrouver éclat et fraîcheur !

Ma routine yoga du visage !

Durée : 2 min
Commencez par relâcher toutes les tensions du visage et enchaînez les postures en les tenant 15 s chacune.

C'est parti pour le yoga du visage, alors place aux grimaces ! Vous pouvez commencer par vous entraîner devant le miroir. Cet enchaînement peut être réalisé 1 fois par semaine lors de votre routine yoga cocooning, mais également tous les jours dès que vous ressentez des tensions liées à de fortes émotions. On appelle les postures de yoga du visage *mukhasana*.

Posture du dragon

Tirez les commissures de la bouche vers le bas, comme si vous faisiez une moue triste exagérée. Contractez également les muscles du cou. Tournez doucement votre tête à droite, puis à gauche. Relâchez la posture, inspirez, puis expirez.

Posture du raton

Concentrez toutes les contractions musculaires au centre de votre visage. Plissez le nez, les yeux vers le nez et la bouche fermée vers le nez. Tenez la posture, puis relâchez. Respirez le visage détendu.

Posture du poisson

Creusez les joues et pincez-les à l'intérieur de la bouche. Écarquillez grand les yeux et placez votre regard en haut à droite, puis en haut à gauche. Relâchez et respirez profondément.

Posture du crapaud

À l'inverse du poisson, gonflez les joues à fond ! Vous devez sentir vos mâchoires s'ouvrir. Fermez les yeux et haussez les sourcils. Tenez la posture et relâchez.

Posture du lion

On étire le visage en bas et en haut. Ouvrez la bouche et tirez la langue au maximum vers le bas. Étirez la partie haute du visage en portant le regard entre vos deux sourcils (3e œil). Expirez et relâchez.

Posture de la joie

Exagérez votre joie en faisant un grand sourire forcé. Contractez bien les pommettes. Tenez la posture et relâchez. Respirez profondément et sentez comme votre visage est détendu.

Je complète avec un petit massage du visage (3 min)

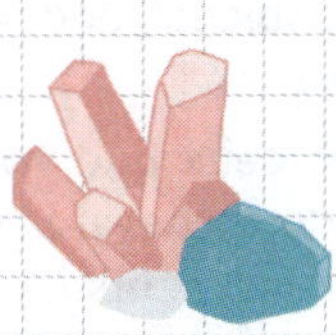

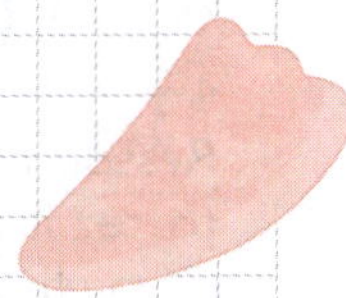

Dans votre panoplie de produits et d'accessoires beauté, vous pouvez ajouter des accessoires de massage pour le visage. Cela vous aidera à compléter votre séance de yoga du visage pour une détente absolue (c'est aussi un super plan pour gagner du temps le matin dans la salle de bains et pour avoir une mine éclatante) ! Comme nouveaux joujoux bien-être, on trouve : les rouleaux en pierre ou en cristaux, plus communément appelés roll-on, bien souvent en jade ou en quartz rose pour leurs vertus équilibrantes, cicatrisantes et apaisantes. Leur chargement en énergie aiderait le visage à dégonfler et à retrouver de la tonicité. Pour un effet immédiat, placez votre rouleau au frigo, le froid raffermit la peau. Utilisez la petite pierre en premier pour le contour de l'œil, puis passez le plus gros rouleau sur l'ensemble du visage. Insistez bien sur le front et les pommettes !

Moins connu, car moins instagramé, il y a le gua sha ! C'est à peu près la version plate du roll-on en pierre de jade, à la seule différence que le précédent permet un drainage lymphatique tandis que la pierre de jade offre un massage relaxant et liftant de l'épiderme. Inspiré de la médecine chinoise, cet accessoire a des effets bénéfiques anti-âge. Utilisé autrefois comme véritable soin, il est devenu le geste beauté numéro un pour un parfait massage du visage. Un lifting avant l'heure ! Astuce d'utilisation : préparez votre peau avec un sérum ou une texture huileuse avant de passer votre gua sha sur tout le visage, en allant du centre vers l'extérieur. Servez-vous de l'encoche pour dessiner l'ovale du visage d'une oreille à l'autre en passant par le menton.

3 autre rituels feel good à intégrer dans votre routine du week-end

Faire des choses que vous aimez

- Le week-end nous donne enfin le loisir de faire ce qu'on aime vraiment. Ça peut être quelque chose de simple comme une balade en forêt ou quelque chose que vous n'avez pas pris le temps de faire depuis longtemps comme de l'aquarelle, écrire…
- Consacrez aussi du temps à faire des projets, c'est bon pour le moral ! Planifiez vos prochaines vacances, par exemple : réservez vos billets, listez les endroits à visiter, ça vous donnera un objectif que vous attendrez avec impatience !
- Ressourcez-vous avec ceux que vous aimez : partez faire une balade à cheval avec vos copines ou passez de doux moments en famille à jouer ou faire des DIY ! Trouvez des idées qui sortent de votre ordinaire, que vous aimez vraiment mais que vous ne prenez jamais le temps de faire.

Vous ressentirez de la joie et ça rechargera vos batteries émotionnelles pour toute la semaine ! Une fois de temps en temps, laissez tout tomber et partez le week-end entier : déconnectez et kiffez !

Regarder des vidéos inspirantes

Des conseils, des témoignages, des conférences, des documentaires peuvent nous inspirer, changer notre vision de la vie et nous apprendre comment intégrer plus de bien-être dans notre quotidien. N'hésitez pas, dès que vous avez du temps libre, quand vous cuisinez ou prenez votre bain… Ça ouvre l'esprit, ça vous remplit d'ondes positives, ça vous galvanise et vous donne envie d'aller plus loin dans votre vie !

Le conseil yogi

Trouvez des vidéos inspirantes sur YouTube, TEDx Talks, Netflix (catégories documentaire, style de vie) ou en replay sur ARTE. La reco : les documentaires *I am Maris*, de Laura Vanzee Taylor (2018) et *HEAL*, de Kelly Noonan (2017), sur le yoga et sur le bien-être.

Mettre en place une organisation anti-blues du dimanche soir

On la voit venir, la tête ronchon du dimanche soir. Clairement, vous n'avez pas envie que lundi arrive ! Heureusement que votre routine feel good et cocooning du week-end vous a aidée à réduire votre petit coup de blues habituel. D'abord, parce que vous avez bien profité de ces deux jours en vous cocoonant. Vous avez réussi à utiliser votre week-end pour vous détendre. Ensuite, ces quelques astuces vous permettront de vous organiser pour vous coucher l'esprit tranquille et d'aborder les choses sous un angle positif, comme un renouveau, une occasion de démarrer une nouvelle semaine avec de nouveaux objectifs !

4 tips anti-blues à faire le dimanche soir avant de vous coucher

- Planifiez votre semaine avec vos objectifs perso (et pro éventuellement), une to-do list pour vous libérer l'esprit et avoir une vision claire et objective de votre semaine, libérée de tout stress. Avoir une vision claire et organisée vous permettra de prendre plus facilement les choses en mains et de gérer comme une boss.
- Planifiez vos routines bien-être et vos routines cocooning. Vous profiterez mieux de votre lundi avec ces activités motivantes en ligne de mire.
- Préparez vos affaires du lendemain pour gagner du temps (et le consacrer à une morning routine bien-être).
- Installez la tasse de votre petit déjeuner sur la table de la cuisine, ajoutez-y un Post-it avec une citation inspirante, de quoi commencer la journée avec le sourire.

Vous aurez hâte d'y être et vous vous réveillerez avec le smile et l'envie de passer une bonne journée !

Chapitre 4

Mes rituels yoga au fil des saisons

Il y a un temps pour tout dans la nature, et chaque saison a sa propre dynamique et ses propres énergies. C'est le principe même de l'équilibre de la vie, il y a un enchaînement vital auquel on ne peut pas échapper. On naît, on s'épanouit, on perd en énergie et on s'éteint. Ça ne vous rappelle pas le cycle même des quatre saisons ? Aujourd'hui, on ne vit plus en harmonie avec la nature et ça se ressent directement sur notre bien-être et notre santé : on ne respecte plus le rythme de notre corps, le moment où il est au top ou le moment où il a besoin de repos, le moment où on se sent plus sociable et le moment où on a besoin de s'isoler… Se sentir fatigué en plein été, par exemple, n'est pas normal et est signe d'un besoin d'un meilleur équilibre. Synchronisez-vous à notre Terre Mère !

Pourquoi mettre en place des routines yoga de saison ?

Les saisons permettent une belle reconnexion avec ses envies et ses ressentis. Les routines yoga de saison sont idéales pour retrouver son énergie ou se poser calmement quand c'est le bon moment. Elles suivent le cycle des saisons, mais aussi votre rythme intérieur pour un meilleur ajustement dans votre bulle bien-être.

Comment les saisons influencent-elles notre énergie et nos émotions ?

Se caler sur le cycle des saisons, c'est vivre chaque année en harmonie avec votre rythme intérieur, ce qui vous permet d'utiliser tout votre potentiel ! Toutes les saisons sont importantes et ont leur beauté. Ne vous inquiétez pas, toutes les belles fleurs renaissent au printemps !

Le printemps

Justement, parlons-en ! C'est le début d'un nouveau cycle, la renaissance, le renouveau ! On se déleste de l'ancien, du négatif et on recommence tout sur de nouvelles bases ! On sème les graines de nos prochains projets, de nos envies et on laisse nos ailes se déployer à la manière des arbres qui fleurissent ! Place aux intentions et à la détermination !

L'été

Le soleil qui réchauffe nos corps et nos cœurs, l'énergie solaire qui nous dynamise, on s'épanouit, on rayonne ! Vous la sentez, la vitamine D ? On ressent la force, on est en pleine forme et on vit dans l'amour et dans la lumière. Idéal pour s'épanouir et aller de l'avant ! Place à l'action !

L'automne

On accueille souvent mal cette saison, période de blues pour beaucoup. C'est tout à fait normal, on perd en énergie par manque d'ensoleillement. Notre moral est en baisse, et on se laisse volontiers tomber sur le canapé en fin de journée, telle une feuille morte qui tombe au sol ! Vous pouvez vous noyer dans un chocolat chaud devant Netflix, mais aussi considérer l'importance et les bienfaits de cette saison pour lâcher prise et faire le point. Mettez-vous à votre écoute, revenez à vous pour connaître vos envies et vos besoins profonds. Place au bilan !

L'hiver

Quand l'hiver pointe le bout de son nez, on se sent parfois terrassée. La fatigue, le manque de luminosité, la vie qui ralentit ! C'est la fin d'un cycle. Plus rien ne bouge, les animaux hibernent et la nature est toute grise. Mais la bonne nouvelle, c'est que c'est l'heure du repos bien

mérité avant d'entamer un nouveau cycle et de renaître. On en profite pour se reposer, pour ralentir, et surtout pour prendre soin de soi. L'introspection et la méditation sont recommandées. Place au cocooning à la maison !

Ma routine yoga pour célébrer le printemps

Pour célébrer cette nouvelle saison pleine d'espoir, de renouveau, de repousse et donc de regain d'énergie, on mise sur les postures d'équilibre pour tester notre rapport à la Terre et notre ancrage au sol. Il se peut que l'on soit encore un peu frêle aux premiers rayons du soleil, mais ces postures spéciales printemps vont nous apprendre à aller de l'avant avec détermination ! Les postures d'équilibre renforcent la concentration et notre rapport à l'enracinement. Si elles sont confortables, alors vous êtes plutôt à votre place dans votre vie, et les questions existentielles comme les problèmes de choix s'estompent. Vous savez où vous en êtes et où vous voulez aller !

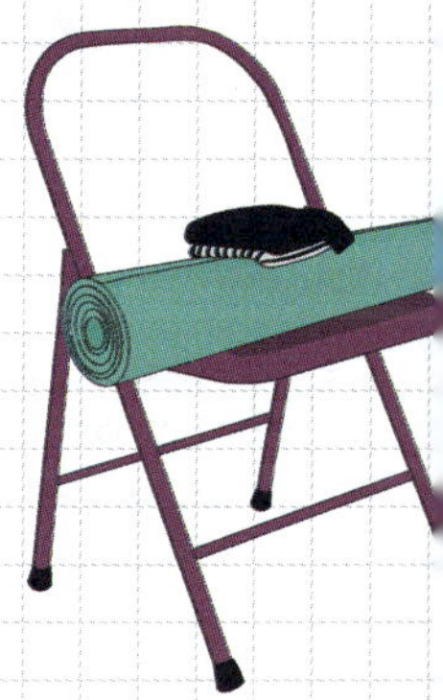

Le petit rituel symbolique : je personnalise mon autel en mode spring time

Dédiez votre autel à l'ambiance printanière pour mieux vous y connecter ! Choisissez l'odeur fraîche et fleurie d'une bougie, une jolie plante verte ou un bouquet de fleurs à placer sur votre autel. Une goutte d'huile essentielle d'orange douce dans un diffuseur et le tour est joué ! L'odeur de l'orange dynamise, éclaircit le mental, fait naître les bonnes idées et procure joie et bonne humeur, parfait pour être en harmonie avec l'énergie de cette saison. On ne va pas se priver d'un tel bien-être !

Ma séance de yoga spéciale printemps

C'est parti pour l'aigle, l'arbrisseau et l'arbre ! Vous pouvez inclure ces postures dans votre séance de yoga habituelle ou les pratiquer au début du printemps pour accueillir convenablement cette saison. Profitez des premiers rayons du soleil pour faire votre séance devant la fenêtre, vous pouvez également pratiquer à l'extérieur et vous accorder avec les bruits et les senteurs de la nature qui reprend vie !

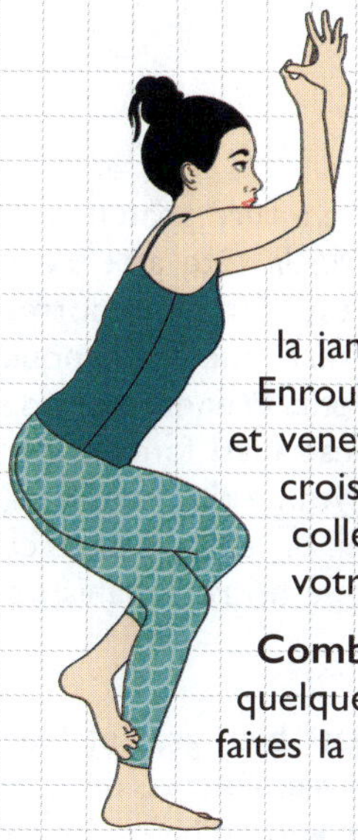

L'aigle

Vous pouvez intégrer cette séance à votre morning routine de printemps pour rester dans l'énergie de la saison. Enchaînez les trois postures d'un côté puis faites la même chose de l'autre côté. Gardez des mouvements fluides.

Tenez-vous debout. Mettez-vous en appui sur la jambe droite et levez le pied gauche. Pliez la jambe d'appui en gardant le dos droit mais légèrement penché en avant. Enroulez la jambe gauche sur la droite : passez-la par-dessus la jambe d'appui et venez accrocher votre mollet droit avec votre pied gauche. Devant vous, croisez les bras pliés, le coude droit dans le coude gauche et les mains collées entre elles. Pour plus de stabilité, n'hésitez pas à plier davantage votre jambe d'appui.

Combien ? Tenez cette posture d'équilibre en faisant quelques respirations longues et profondes. Relâchez et faites la même chose de l'autre côté.

L'arbrisseau

Debout, posez un pied sur l'autre, la bosse de la voûte plantaire comme emboîtée dans le creux de la base de la cheville, talon sur le tibia. Écartez les bras sur les côtés, les mains à environ 40 cm des hanches, et les doigts bien ouverts. Bombez la poitrine, levez légèrement le menton, puis respirez à pleins poumons. Vous êtes un arbrisseau qui a envie de grandir et de s'épanouir. Étirez-vous vers le haut et sentez l'énergie qui vous traverse.

Combien ? Tenez 3 grandes respirations, puis sortez de votre posture en expirant et changez de pied.

L'arbre

Toujours debout, dans la continuité de la posture précédente, tenez-vous bien droite. Fixez un point devant vous et, avec l'aide de votre main, montez le pied sur la partie interne de votre cuisse opposée, la plante du pied collée contre la cuisse et le genou plié vers l'extérieur. Pour plus de stabilité, ouvrez bien la hanche et respirez par le ventre. Joignez les mains devant votre poitrine, puis, dans une inspiration, levez les mains jointes au-dessus de votre tête. Grandissez-vous et respirez. Pour tester votre centre de gravité et votre ancrage au sol, fermez les yeux !

Combien ? Pendant 5 respirations. Expirez, sortez de la posture et faites la même chose de l'autre côté.

Mes rituels body de printemps

Avec ce renouveau du printemps, la saison nous invite à faire peau neuve. Bien évidemment, il ne suffit pas d'un gommage de la tête aux pieds pour se sentir « renouvelée ». En hiver, le corps est comme endormi, et notre organisme marche au ralenti. Autant dire que le manque d'énergie laisse les toxines s'accumuler petit à petit. Prendre soin de soi tout en étant en harmonie avec la saison, c'est aussi fonctionner avec l'énergie qu'on nous propose. Se caler au rythme du printemps, c'est savoir faire table rase du passé pour laisser un terrain propice à la renaissance, et donc au bon fonctionnement de notre organisme.

Je fais une détox de printemps !

Avouez que vous avez abusé des raclettes, des plats bien gras et bien sucrés durant tout l'hiver ! La dépense énergétique s'amenuise, donc le corps stocke ! (Qui serait contre perdre ses petits kilos d'hiver, hein ? On est d'accord…) Une détox, c'est tout simplement mettre au repos l'organisme pour qu'il puisse entamer son « nettoyage interne », et par la suite favoriser la bonne absorption des nutriments essentiels pour bien vivre et être en pleine santé ! Le changement de saison, de température, de luminosité, ça fait beaucoup d'un coup et le corps a du mal à s'adapter. Alors, on lui donne un coup de pouce pour améliorer les fonctions digestives qui à terme améliorent le bien-être et la santé.

La blacklist des toxines

Évitez les aliments qui accroissent la toxicité de l'organisme et oublie pendant 1 semaine ou 2 :

- la viande rouge
- la charcuterie
- le sucre raffiné
- les plats transformés et industriels
- les laitages
- le thé
- le café
- l'alcool
- le tabac (c'est évident)

Ayez une alimentation la plus saine possible à base de fruits et légumes frais, d'oléagineux et d'infusions de plantes.

La cure de jus de bouleau

Pour parfaire cette détox de printemps, rien de tel qu'une petite cure de jus de bouleau ! Diurétique et dépurative, cette cure draine en profondeur l'organisme et vous aide à éliminer les toxines ! Rien de plus simple : achetez du jus de bouleau en pharmacie, parapharmacie ou magasin bio (une grande préférence pour la marque Weleda),

ajoutez-en 3 cuillerées à soupe dans une grande bouteille d'eau et buvez tout au long de la journée ! Faites cette cure durant 1 semaine (à renouveler). Effet détox garanti !

Mes rituels food de printemps

Respecter le rythme de la nature, c'est avant tout respecter ce qu'elle nous donne naturellement. Manger de saison apporte des avantages au niveau nutritionnel, au niveau de la fraîcheur du produit (ce qui est de saison pousse près de chez nous), et permet de réduire l'impact écologique et l'empreinte carbone. Bref, c'est tout bénef ! Et pour notre petit corps, et pour notre planète. Alors, on fait le choix d'aller chez les producteurs locaux et bio si possible !

Mes fruits et légumes de saison

Au printemps, on privilégie les asperges, blettes, betteraves, carottes, choux, fèves, radis, petits pois, navets, brocolis, épinards, mâche, artichauts, courgettes, oignons, concombres, aubergines, pommes de terre, kiwis, pommes, poires, rhubarbe, oranges, pamplemousses, avocats, citrons, prunes, cerises, cassis…

Ma recette feel good du printemps : quiche gourmande aux légumes verts (pour 4)

Ingrédients :

- 1 pâte feuilletée
- 1 petite courgette
- 1 bol de petits pois frais
- 10 petites asperges vertes
- 1 oignon
- 3 œufs frais
- 25 cl de crème fluide de soja
- 70 g de gruyère râpé
- 1 c. à c. d'épices curry madras
- Sel, poivre

Préparation :

Préchauffez le four en chaleur tournante à 180 °C. Dans un plat à tarte, disposez la pâte feuilletée et piquez le fond avec une fourchette. Lavez tous vos légumes, coupez les asperges en trois et la courgette en dés. Émincez l'oignon. Dans une casserole d'eau bouillante, faites précuire les petits pois et les asperges quelques minutes, puis égouttez-les. Dans un récipient, battez les œufs, ajoutez la crème de soja, la courgette, les petits pois, les asperges, l'oignon, le curry madras, 1 pincée de sel et de poivre, puis mélangez le tout. Versez dans le plat à tarte, ajoutez le gruyère râpé sur le dessus et enfournez pour 25 à 30 min. Servez chaud ou froid avec une petite salade de jeunes pousses d'épinards, par exemple !

Mes rituels mind de printemps

Maintenant que notre organisme a fait sa petite mise au vert, notre esprit devient considérablement plus clair et plus enclin à la nouveauté, aux pensées positives et aux nouvelles actions !

Je fais un grand ménage de printemps !

Après l'organisme, place à notre espace ! Il n'y a pas que notre corps qui se doit d'accueillir le renouveau par un petit nettoyage ! Un peu plus de luminosité et les jours qui rallongent nous donnent l'énergie nécessaire pour avoir envie de faire du tri ! Et c'est une excellente chose ! On commence par faire le ménage à fond dans sa maison. Ensuite on procède à un vrai tri, on se sépare des vêtements qu'on ne met plus, des petits meubles ou bibelots coincés dans le grenier ou dans le garage et toutes ces choses non nécessaires que vous avez achetées par pulsion mais que vous n'utilisez jamais. On ne jette pas forcément, on donne ou alors on revend ! Un espace épuré sans mille choses qui dépassent des tiroirs, c'est aussi un esprit plus clair pour avancer. Savez-vous pourquoi le ménage de printemps est si salvateur ? Faire un grand nettoyage libère nos hormones du bonheur, on en ressort avec beaucoup de fierté et de joie du travail accompli. Ça fait du bien au moral et donc à notre santé !

Je note mes nouveaux objectifs

Qui dit printemps, dit renaissance, dit détermination, dit nouveaux objectifs, dit tableau de visualisation ! Eh oui ! Après avoir fait votre to-do list de la saison, mettez en place un plan d'action pour réaliser vos rêves concrètement et faites un tableau avec des cases à cocher pour visualiser en un coup d'œil vos progressions ! C'est simple, facile et efficace ! Vous sortez de votre hibernation et vous avez tellement de choses en tête pour aller de l'avant et faire de votre vie un magnifique champ de coquelicots ! Notez des choses qui vous font plaisir, qui vous donnent envie. L'énergie du printemps se prête aux idées neuves et aux grandes décisions qui apportent du changement positif. Allez hop !

Ma routine yoga pour célébrer l'été

La saison estivale est la plus attendue des amoureux du soleil, de la vie en plein air et de la convivialité ! L'été est synonyme de vitalité, d'épanouissement et de partage. On se voit bien faire un pique-nique en famille ou entre amis, sous l'ombre d'un arbre pour profiter d'un bon moment. Pour notre bien-être intérieur, c'est aussi une belle période d'évolution et d'épanouissement personnel, nous mettons tous nos sens en éveil et nous avons l'énergie propice à la réalisation de nos projets mais aussi aux

nouvelles expérimentations. Une séance de yoga doit avoir tous les éléments nécessaires pour vous faire rayonner en puissance. On pense à un cadre idyllique, des odeurs estivales, un cours collectif, bref, une séance pour accueillir le bonheur de l'été ! Privilégiez les postures dynamiques et toniques qui sollicitent l'énergie du corps entier.

Le petit rituel symbolique : pratiquer dehors !

Le soleil, la chaleur, la joie des vacances qui approchent, la mer, le bruit des vagues, l'odeur du sable chaud ou des jolies fleurs… Toutes ces choses nous rappellent bel et bien l'été ! Alors, pour sa séance, pour accueillir cette saison, on se met dans une ambiance estivale. Pas d'autel en tant que tel cette saison, car vous faites votre enchaînement de yoga dehors quand il ne fait pas encore trop chaud, le matin de bonne heure ou le soir à l'heure d'or où les rayons du soleil se font bas et rougissants. Profitez de cette luminosité et bougez au rythme de l'énergie solaire. Faites un cours en extérieur avec des amies avant un brunch, ou en collectif pour faire de nouvelles rencontres. Sur la plage face à la mer ou à un lac. Dans un parc ombragé et fleuri. Profitez d'une jolie vue et mettez tous vos sens en éveil.

Le petit plus : utilisez de l'huile essentielle de lavande pendant votre séance. Si vous pratiquez en plein air, déposez 1 goutte sur votre poignet ou sur un galet que vous poserez devant vous. Le calme et la sérénité que l'odeur de la lavande procure équilibreront votre séance dynamique et tonique de yoga.

Ma séance summer yoga

> Vous pouvez intégrer cette séance à votre morning routine tout l'été pour rester dans l'énergie de la saison. Enchaînez les trois postures d'un côté, puis faites la même chose de l'autre côté. Gardez des mouvements fluides.

Grâce aux énergies de l'été et au climat chaud, le corps ressent beaucoup moins de douleurs et devient plus souple. Une séance dynamique, avec un enchaînement fluide, renforce le corps entier, développe l'endurance et exerce la concentration : on prend conscience de l'importance du souffle pendant le mouvement. Pour célébrer cette saison, enchaînez les postures du chien à trois pattes, de la planche avec genou plié puis du guerrier II !

Le chien à trois pattes

Pour réaliser cette posture, placez-vous en posture du chien tête en bas (p. 34), puis levez la jambe droite. Elle doit former une ligne avec le reste de votre corps. Respirez. Pliez votre jambe en l'air de manière à amener votre pied près des fesses. Remettez-vous en posture du chien à trois pattes. Et poursuivez.

Combien ? Tenez 2 respirations avec la jambe pliée.

La planche avec un genou plié

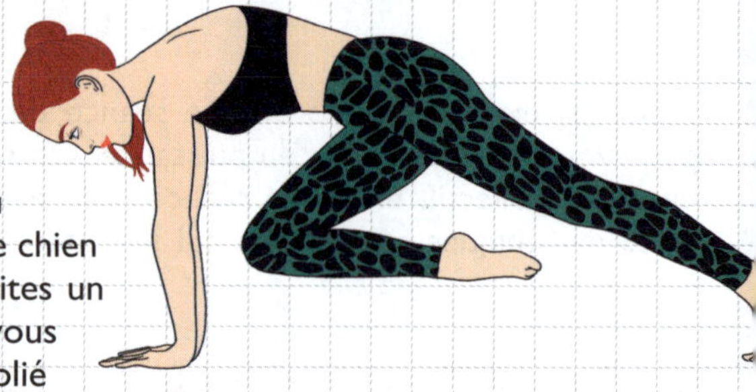

En posture du chien à trois pattes, expirez et ramenez directement la jambe sous vous, genou plié près de vos mains (en passant par la posture chien tête en bas mais sans poser le pied au sol). Faites un mouvement avant avec votre buste de sorte à vous retrouver en planche tout en gardant le genou plié en dessous de vous, sans le poser au sol. Utilisez la force des bras et de votre jambe gauche pour tenir. Rentrez le ventre et respirez calmement. Poursuivez.

Combien ? Tenez durant 2 respirations.

Le guerrier II

En planche avec le genou droit plié entre vos mains, posez le pied droit au sol. Inspirez et relevez le haut du corps en prenant uniquement appui sur vos deux jambes. La jambe droite reste en avant, légèrement en fente, le genou au-dessus de la cheville. La jambe gauche reste en arrière avec le pied tourné à l'extérieur pour plus de stabilité. Ouvrez les hanches et placez vos bras en croix. Regardez devant vous et respirez profondément. Faites le chemin inverse de la posture pour revenir en chien tête en bas, puis faites tout l'enchaînement du côté gauche.

Combien ? Au moins 3 grandes respirations dans la posture.

Mes rituels body d'été

Quelle joie de prendre un vrai bain de soleil ! En été, on doit renouer avec son corps, car il est plus exposé, plus dénudé d'une part, et parce que la chaleur procure vraiment un sentiment de bien-être d'autre part, et notre rapport à soi est plus bienveillant. Pas de place aux complexes, grâce au yoga qui nous permet de prendre conscience de ce dont notre corps est capable, et de tout le bien-être qu'il nous apporte. On aime son corps et c'est tout ! Un seul mot d'ordre pour prendre soin de soi à l'intérieur comme à l'extérieur durant cette période : l'hy-dra-ta-tion ! Ce n'est pas tant la chaleur

> Astuces pour penser à boire : buvez un verre d'eau toutes les heures à heure pile. Buvez avant chaque repas et après votre douche. Et gardez une bouteille à portée de main ou sous les yeux, posée sur votre bureau.

qui dessèche la peau mais une exposition trop longue. On évite de se mettre au soleil entre midi et 16 h pour commencer, et puis on protège et on hydrate sa peau avec des produits adaptés. On n'oublie pas non plus de boire jusqu'à 2 litres d'eau par jour !

Mes rituels food d'été

En cette saison, on retrouve des aliments avec beaucoup d'eau. La raison, c'est encore elle : l'hydratation ! La nature est bien faite ! L'alimentation phare de l'été en est gorgée. On pense concombre, pastèque ou encore melon. Pour un bronzage au top, misez sur les abricots, ils contiennent de la provitamine A qui active le processus de bronzage. Pour vous protéger de la chaleur, boostez votre hydratation en buvant beaucoup d'eau. L'astuce ? Diversifiez les goûts en ajoutant à votre fontaine à eau ou votre carafe des morceaux de fruits ou de légumes, comme du concombre, du gingembre, de la menthe, du citron… Effet bonne humeur garanti, en plus, c'est parfait pour un apéro healthy !

Mes fruits et légumes de saison
Fraises, framboises, mûres, myrtilles, groseilles, pêches, abricots, nectarines, tomates, pastèque, melon, concombre, poivron, haricots verts, courgette, fenouil, laitue, radis noir, piment…

Ma recette feel good de l'été : la salade d'été, fraîche et fruitée (pour 2)

Ingrédients :

- 2 tranches de pastèque
- 4 tomates
- 200 g de fraises (ou fraises des bois)
- ½ oignon rouge
- 1 petite barquette de feta
- 1 poignée de menthe fraîche
- 1 poignée de basilic frais
- 4 c. à s. d'huile d'olive
- 2 c. à s. de vinaigre de framboise
- Sel, poivre

Préparation :

Lavez les tomates et les fraises, rincez les herbes aromatiques et retirez la peau de la pastèque. Émincez l'oignon rouge, coupez la pastèque, les tomates, les fraises et la feta en dés. Mettez le tout dans un saladier, ajoutez la menthe et le basilic ciselés, assaisonnez avec l'huile, le vinaigre. Salez, poivrez, dégustez !

Mes rituels mind d'été

Qu'il est facile d'entretenir sa bonne humeur et un esprit pleinement positif tout au long de l'été. On l'a vu, le soleil nous procure de la joie et des envies de partage !

Je fais des activités outdoor

Multipliez les activités de plein air, ou aquatiques. On sait que le sport libère des endorphines pour nous rendre plus heureux. Mettez-vous à l'aquagym :

quand il fait chaud, c'est l'idéal, on démultiplie l'efficacité des exercices sans transpirer et en se rafraîchissant.
Entourez-vous de votre famille, de vos amis pour faire place à la convivialité. Partagez des bons moments, profitez des douces soirées d'été pour échanger, partager, communiquer... Votre moral se verra totalement reboosté pour quelque temps !

Je passe à l'action

Au début de l'été, faites une to-do list des vacances : notez le maximum de choses cool à faire, que vous ne pouvez pas vous permettre habituellement. Listez toutes ces choses que vous rêvez de faire, et passez à l'action ! Vous êtes remplie d'énergie, c'est le moment de montrer ce dont vous êtes capable. Satisfaction personnelle au taquet ! Passez l'été en mode warrior, un point c'est tout ! Quand la rentrée pointera le bout de son nez, ce sera le moment de faire un tableau d'organisation avec toutes les nouvelles choses que vous voulez mettre en place dans votre quotidien. Les routines yoga, les routines cocooning, etc. ! Faites vos choix !

Ma routine yoga pour célébrer l'automne

L'arrivée de cette saison est idéale pour faire le bilan, calmement. C'est le moment de la récolte, on voit si les bonnes intentions que l'on sème depuis le début d'année nous procurent satisfaction. L'énergie décline et laisse place à l'introspection et à l'intériorisation. On fait le tri dans ses pensées, on se déleste des éléments négatifs et toxiques et on pratique le lâcher-prise ! On évite la déprime automnale et on pose de nouvelles intentions beaucoup plus douces et plus calmes dans un sentiment d'apaisement et de sécurité.

Ma séance yoga d'automne

La baisse d'énergie et la fin de l'été nous invitent à nous poser pour faire le point sur les beaux jours passés et accueillir l'automne avec bienveillance. Pour célébrer cette saison, notre séance de yoga doit nous aider à nous poser, tout simplement. On privilégie les postures assises d'ancrage au sol par le chakra racine, qui favorise l'équilibre et la concentration.

À cette période, selon le shiatsu et l'énergétique chinoise, l'énergie est plus active au niveau des poumons, alors on n'hésite pas à faire des exercices de respiration pour stimuler et renforcer les défenses de l'organisme.

Incluez dans votre routine yoga des postures assises, comme la tête de vache, le bateau et le demi-lotus, après avoir échauffé votre corps (avec la salutation au soleil, par exemple), pour célébrer l'automne. À pratiquer tout au long de la saison en plus de vos routines relax du soir.

La tête de vache

Asseyez-vous sur votre tapis, jambes tendues devant vous, le dos droit. Pliez la jambe droite devant vous de sorte que votre genou soit bien face à vous et le pied droit à côté de la fesse gauche. La jambe placée devant vous forme comme un triangle avec votre assise. De la même manière, pliez la jambe gauche afin de positionner votre genou sur le genou droit et le pied gauche près de la fesse droite. Gardez votre bassin ancré au sol. À présent, levez le bras droit, pliez le coude et amenez la main droite dans le dos. Venez chercher votre main droite avec votre main gauche par-dessous, en pliant le coude gauche dans le dos, sous votre épaule. Restez droite et respirez. Sortez très doucement de cette posture en vous aidant de vos mains, puis changez de côté.

Combien ? Maintenez la posture le temps d'une grande et profonde respiration de chaque côté.

Le bateau

Restez assise, jambes tendues devant vous, le dos droit. Sur une expiration, inclinez le buste vers l'arrière tout en montant les deux jambes tendues devant vous. Votre corps doit former un V. Vos bras sont parallèles au sol, les abdos contractés et les fesses bien ancrées. Concentrez-vous mais ne bloquez pas la respiration.

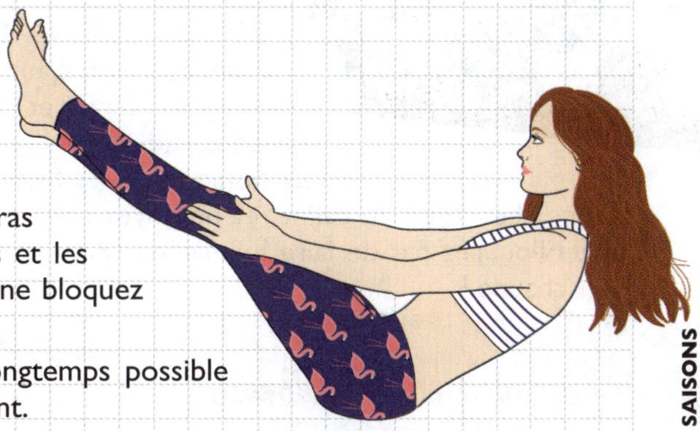

Combien ? Tenez le plus longtemps possible avant de relâcher doucement.

Le demi-lotus

Mettez-vous en posture facile (en tailleur). Placez un pied sous la cuisse et l'autre au-dessus de l'autre cuisse. Vos fesses restent au sol, mais pour plus de confort, vous pouvez vous asseoir au bord d'un coussin de sorte que vos genoux viennent toucher le sol devant vous. Positionnez vos mains, paumes vers le ciel, sur les genoux. Gardez le dos droit mais détendu. Fermez les yeux et prenez une grande respiration avant de pratiquer un pranayama (ci-dessous).

Combien ? Tenez la posture durant toute la pratique du pranayama.

Pranayama

Faites entrer et circuler le souffle de vie, le prana, pendant quelques minutes. Choisissez votre respiration : elle peut être abdominale, complète ou alternée (p. 20, 24 et 37). Faites-le de manière détachée comme si l'exercice était pleinement naturel. Fermez les yeux et laissez-vous porter vers la méditation si vous en ressentez le besoin. Vivez pleinement l'instant présent tout en vous détachant de l'action.

Les petits rituels symboliques

Je me promène en forêt

Les arbres flamboyants, les feuilles de toutes les couleurs, les odeurs de sous-bois, la lumière qui se tamise, les premières brises… Il y a en vérité tout un tas de raisons d'aimer l'automne. L'énergie de la saison qui baisse progressivement apporte les premières envies de réconfort, de cocooning, d'emmitouflage dans un pull ou un plaid douillet. Les couleurs chaudes et les odeurs automnales nous laissent encore l'esprit vif et créatif. Partez vous balader et ramassez de jolies feuilles mortes, du bois, des marrons, des châtaignes…

Je personnalise mon autel en mode automne

Aménagez votre autel pour votre séance de yoga avec ces petits éléments naturels et décoratifs. Ajoutez une bougie parfumée, de l'encens, de la musique et diffusez de l'huile essentielle de laurier noble pour ses bienfaits antidéprime et antifatigue ! Faites votre séance chez vous, au calme, et prévoyez une couverture si vous avez envie de plus de chaleur. N'oubliez pas de faire bouillir de l'eau pour profiter d'une infusion de thym post-yoga bien chaude !

Mes rituels body d'automne

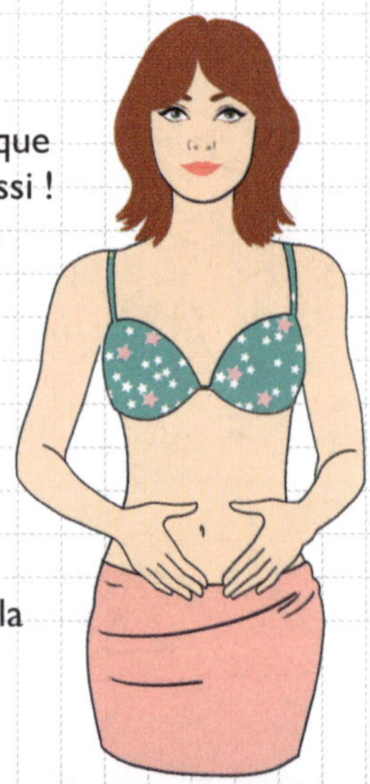

L'esprit un peu brouillon, l'envie de ne pas faire grand-chose, le manque de tonus, tout est prétexte pour que le corps se laisse aller, lui aussi ! L'automne est une période où l'organisme est plus fragile et où il devient vulnérable aux premiers petits virus de l'hiver, car lui aussi, il fonctionne au ralenti ! Alors, avant de déclarer la saison des raclettes ouverte, il serait bon de prendre soin de son corps et de booster ses défenses immunitaires !

Je fais une cure pour me renforcer

- **La cure de gelée royale** est idéale pour booster son immunité, éviter les coups de froid, retrouver du tonus et lutter contre la fatigue et la déprime saisonnière. Elle se trouve pure ou en complément alimentaire en pharmacie et parapharmacie. À prendre durant 15 jours dès le début de saison.

- **La cure de raisin ou de radis noir** fait travailler le foie et détoxifie l'organisme avant l'arrivée d'une alimentation plus riche. On peut en trouver sous forme de complément alimentaire ou en ampoule, mais comme c'est la saison, on préférera les acheter frais, et bio si possible. Dans l'idéal, faites une monodiète de raisin bio pendant 3 jours !

La monodiète, c'est quoi ?
Cela consiste à ne manger qu'un seul aliment, sous toutes ses formes et cuissons, pendant une certaine durée. Cela met au repos complet l'organisme puisqu'il n'a qu'un seul type d'aliment à digérer, du coup il se pose moins de questions et a moins de travail à fournir !

- **La cure de probiotiques** rééquilibre le microbiote intestinal et évite tous les désagréments liés à un mauvais fonctionnement du système digestif. Cela vous apportera plus de confort et votre deuxième cerveau, votre bidou, sera tellement content qu'il enverra des messages positifs à votre premier cerveau. Ça vous redonnera le sourire ! À prendre en cure de 10 jours ou 1 mois selon les dosages. Demandez conseil à votre pharmacien.
- **La cure de magnésium** combat la fatigue intellectuelle et musculaire. Les carences sont répandues dans la population française et surtout chez les femmes ! Si vous vous sentez irritable, plus capable de rien, fatiguée de la tête aux pieds, cette cure est faite pour vous. À retrouver en complément alimentaire pour une cure d'1 à 3 mois.

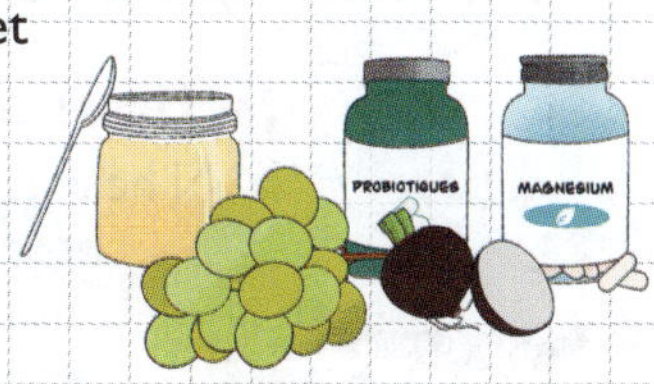

Je mange de saison

Automne rime avec réconfort en cuisine, enfin… presque ! La nature est bien faite : les aliments indispensables au bon fonctionnement de notre organisme, pour nous donner un coup de fouet et renforcer nos défenses immunitaires, sortent tous de terre à ce moment, juste à temps pour nous aider ! On retrouve des oléagineux, boosteurs d'activité cérébrale, des aliments riches en vitamines, minéraux et oligoéléments essentiels à notre équilibre. Et des aliments chouchous pour faire nos premières soupes réconfortantes ! C'est aussi la saison des légumes oubliés – plus si oubliés que ça d'ailleurs : le panais, le topinambour ou encore le rutabaga.

Mes fruits et légumes de saison
Citrouille, courgette, panais, carotte, potimarron, potiron, butternut, pâtisson, choux, topinambour, patate douce, rutabaga, champignons, poireau, céleri, pommes, poires, raisin, figues, kaki, châtaignes, noix, noisettes, dattes, mandarine…

Ma recette feel good de l'automne : la soupe d'antan de maman (pour 4)

Ingrédients :

- 1 potimarron
- 1 panais
- 1 patate douce
- 1 topinambour

Préparation :

Lavez le potimarron en frottant bien la peau (on le cuit avec). Coupez-le en deux, retirez les pépins, puis coupez en plusieurs morceaux. Épluchez le panais, la patate douce et le topinambour. Lavez-les et coupez-les en morceaux. Dans une casserole, mettez tous les légumes. Couvrez d'eau et portez à ébullition. Réduisez le feu et laissez cuire 30 min à couvert. Après cuisson, si nécessaire, retirez un peu d'eau mais laissez-en suffisamment pour obtenir la consistance désirée. Salez, poivrez et mixez le tout. Votre soupe est prête ! Vous pouvez y ajouter quelques marrons pour plus de réconfort.

Mes rituels mind d'automne

On le sait, le moral est en baisse à cause de la perte d'énergie de cette saison. Pour ne pas se faire surprendre par un petit coup de grisou, il vaut mieux accepter et rester en harmonie avec le rythme de la saison.

Je booste mes capacités

N'hésitez pas à booster vos pensées positives, écrivez par exemple trois choses qui vont sont arrivées de bien dans la journée. Gérez vos émotions avec l'écriture libre, écrivez tout ce qui vous passe par la tête et ce que vous avez sur le cœur. Puis brûlez le papier. Développez votre créativité ! Les couleurs chatoyantes du début d'automne et l'humeur nostalgique qui s'en dégage révèlent notre côté artistique : coloriez des mandalas ou fabriquez des attrape-rêves, idéal pour le moral ! Faites votre to-do list de l'automne, il y a tant à faire pour améliorer un quotidien avec le moral dans les chaussettes. Prévoyez des sorties (restau, ciné, musée…) en famille ou entre amis. Boostez vos capacités physiques, mentales et spirituelles avec vos routines yoga du matin ou du soir pour mieux accepter la fin d'un cycle.

Je prends un bain de forêt

La sylvothérapie, vous connaissez ? C'est la thérapie par les arbres, qui nous vient du Japon ! Faire une balade en forêt aide à réduire le stress et l'anxiété. Cela proviendrait d'une certaine substance olfactive émanant des nombreux végétaux (phytoncides), et surtout des feuilles des arbres. Les bénéfices des bains de forêt sont nombreux : réduction des pensées négatives, diminution du taux de cortisol (hormone du stress), augmentation de la concentration, de l'intuition et de l'imagination, renforcement du système immunitaire, etc. Marchez seulement 10 à 20 min, et surtout utilisez vos sens ! Admirez la nature autour de vous, écoutez les feuilles qui craquellent sous vos pas et respirez à pleins poumons. Bien-être absolu !

Ma routine yoga pour célébrer l'hiver

Voilà, on y est : la période cocooning par excellence ! La vie se met en stand by, il est temps de ralentir nous aussi, de nous poser et de nous occuper de nous. Le repos est de mise, ainsi que la méditation, d'autant qu'on a plus de temps pour soi. La fatigue est bien présente, mais elle est une aide précieuse pour se ressourcer naturellement.
Le manque de lumière, le froid, l'hiver en soi représentent la fin d'un cycle, pour renaître au printemps. Restez vous cocooner à la maison. Soirée tranquille, bain chaud, feu dans la cheminée… Tout est bon à prendre pour vivre en mode slow life et se chouchouter dans le réconfort. Accordez-vous des séances de yoga longues et douces, dans l'amour de soi, faites-vous des self-hugs quand vous pratiquez la posture de la pince, par exemple, en enlaçant vos jambes dans vos bras !
On s'aime, un point c'est tout !

Ma séance yoga d'hiver

On adapte sa séance au froid de l'hiver en restant bien au chaud chez soi, la bonne idée ! Ralentissez, posez de plus longues respirations pendant chaque posture et tenez-les plus longtemps. On entre dans un mode de réconfort, les postures sont passives et le plus souvent allongées, pour éviter de vous brusquer puisque vous manquez d'énergie à cette saison. C'est parti pour les postures du héros couché, la torsion simple allongée et le papillon allongé avant d'entamer la séance de méditation en savasana.

Vous pouvez inclure dans vos séances quotidiennes d'hiver cette petite routine de trois postures avant de passer à une longue et douce méditation… à la limite de la sieste ! Hibernation, quand tu nous tiens…

Le héros couché

Positionnez-vous à genoux sur votre tapis, les fesses sur les talons et le dos droit. Écartez les jambes de sorte que vos fesses touchent le sol et que vos pieds soient de chaque côté. Expirez et inclinez le buste en arrière pour vous allonger au sol. Laissez les bras le long du corps.

Combien ? Tenez la posture 30 s, le temps de bien respirer.

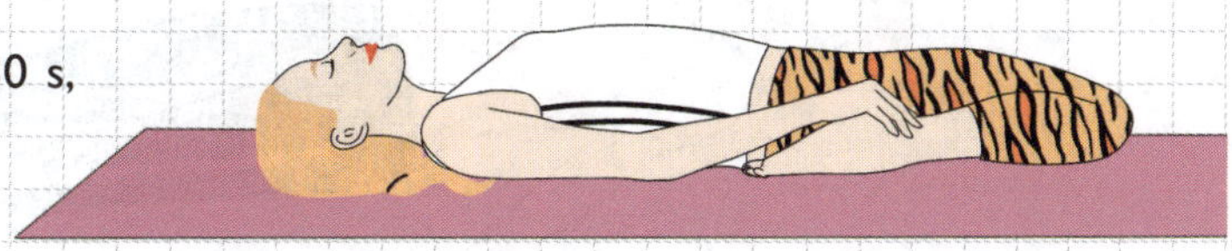

La torsion simple allongée

Allongez-vous sur le dos, pliez les genoux et posez les pieds au sol. Écartez les bras en croix. Rapprochez vos pieds et serrez les genoux. Expirez et, dans une torsion, amenez vos deux genoux l'un contre l'autre à droite de vous, au sol. Respirez tranquillement avant de revenir dans la posture initiale et de faire la même chose de l'autre côté.

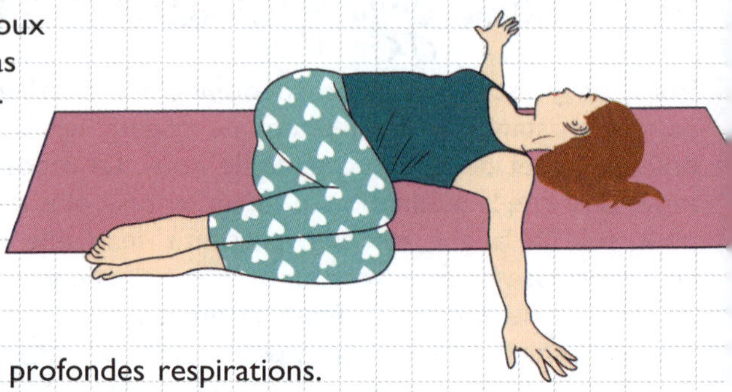

Combien ? Tenez pendant 3 longues et profondes respirations.

Les postures du héros couché et du papillon allongé peuvent être réalisées avec des coussins placés à partir de la cambrure du bas du dos, jusque sous la tête, pour plus de confort et moins de sollicitations des muscles.

Le papillon allongé

Toujours sur le dos, détendue, pliez les genoux vers les côtés de sorte à amener les plantes de pieds l'une contre l'autre dans la continuité de votre bassin. Posez les mains sur les cuisses. Respirez profondément. À chaque expiration vous pouvez mettre plus de pression dans vos cuisses pour ouvrir les hanches.

Combien ? Restez dans cette posture 1 min en prenant conscience de votre respiration.

Savasana et méditation

Terminez vos séances spéciales cocooning de l'hiver par une longue et profonde méditation en posture allongée savasana. Commencez cette méditation en vous concentrant uniquement sur votre respiration. Sentez l'air entrer et sortir. Notez les sensations que vous procure cette respiration de pleine conscience. Puis procédez à un body scan, c'est-à-dire un scan mental total de votre corps entier. Vous devez sentir chaque centimètre carré de votre corps. Commencez par les orteils, les pieds, les mollets, les cuisses, etc. et remontez ainsi jusqu'à la tête, tout en gardant le rythme de votre respiration. Cette technique permet de visualiser et de détendre les zones en tension.

Combien ? Programmez un minuteur, car le temps passe vite, et puis vous risquez de vous endormir. 10 min, c'est l'idéal.

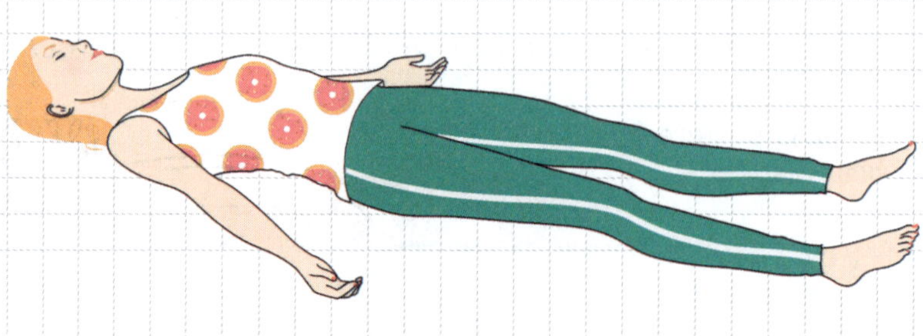

Les petits rituels symboliques d'hiver

Pratiquer dans une ambiance magique

La symbolique de l'hiver, c'est l'ambiance cocooning, le bien-être intérieur, l'envie de se sentir bien chez soi... On peut aisément imaginer une routine yoga pleine de douceur dans une ambiance hyper chaleureuse et réconfortante. Déroulez votre tapis au coin du feu ou entourez-vous uniquement de bougies, sans autre source de lumière. Mettez des coussins confortables près de vous, ils pourront vous être utiles dans la réalisation de chacune des postures pour les rendre plus passives et plus relaxantes, ou alors en fin de séance pour bien vous caler et méditer paisiblement (ou vous endormir).

Boire du chocolat chaud

Préparez-vous un bon chocolat chaud maison, avec du lait végétal, du cacao cru et de la cannelle ! Une petite merveille qui apporte un réconfort immédiat. À boire en fin de séance.

Personnaliser mon autel en mode hiver

Sur votre autel d'hiver, mettez de petites pommes de pin, une guirlande à lumière chaude et diffusez de l'huile essentielle de pin sylvestre, excellente pour l'hiver car elle purifie l'air intérieur (on ouvre quand même moins nos fenêtres avec ce froid polaire), renforce le système immunitaire, lutte contre les infections ORL et favorise la bonne énergie pour combattre la grande fatigue et la déprime. Le must, quoi !

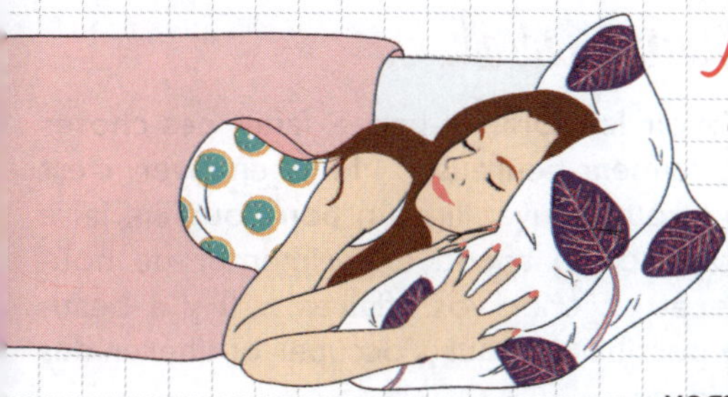

Mes rituels body d'hiver

On ne néglige pas son temple (son corps), on en prend soin même en hiver ! Prenez rendez-vous dans un spa pour vous faire chouchouter, au salon de beauté pour garder votre part de féminité et, à la maison, exfoliez votre peau et nourrissez-la en profondeur. Gardez vos routines yoga du matin ou du soir et adaptez vos séances en écoutant votre corps qui est plus fatigué et plus lent. Cette saison, il est vraiment temps de prendre soin de vous, de vous poser, de vous reposer. Multipliez les bains chauds, les siestes et couchez-vous plus tôt ! Vous serez régénérée pour l'arrivée du printemps !

Mon alimentation d'hiver

Ok, le mode stockage de gras est activé ! Et on en a besoin pour tenir avec ce froid. Si le corps fait des réserves, c'est qu'il a ses raisons. On ne peut pas vraiment lutter... On perdra les « kilos-raclette » plus tard, c'est prévu ! En attendant, pour lutter contre la fatigue et reprendre des forces, privilégiez les aliments remplis de vitamine C et de bons minéraux. Surtout, ne négligez pas l'hydratation, car même si la soif est moins ressentie en cette saison, le froid dessèche les muqueuses. Misez sur les infusions de plantes (romarin, gingembre), à boire toute la journée !

Mes fruits et légumes de saison
Kiwi, orange, citron, mandarine, clémentine, pomme, brocolis, carottes, tous les choux, navet, rutabaga, potiron, pomme de terre, salsifis...

Ma recette feel good de l'hiver : le pain d'épices du bonheur !

Ingrédients :

- 250 g de miel de fleur bio
- 150 g de marmelade d'orange bio
- 200 g de farine de riz blanche
- 50 g de farine de châtaigne
- 60 g de sucre complet de canne
- 1 c. à c. de bicarbonate de soude
- 1 sachet de levure sans gluten
- 2 c. à c. d'épices à pain d'épices ou de quatre-épices (cannelle/muscade/gingembre/girofle)
- 2 œufs
- 8 cl de lait d'amande bio
- 1 pincée de sel

Préparation :

Préchauffez le four à 160 °C. Dans un saladier, mélangez la farine de riz, la farine de châtaigne, le bicarbonate de soude, la levure, les épices, le sucre et la pincée de sel. Dans une casserole, faites chauffer à feu moyen le miel et la marmelade d'orange. Une fois bien chaud et liquide, versez le mélange dans le saladier. Remuez le tout avec une cuillère en bois jusqu'à l'obtention d'une pâte (le mélange mousse grâce à la magie du bicarbonate !). Incorporez ensuite petit à petit le reste des ingrédients : les œufs et le lait (tiède si possible) tout en mélangeant. Beurrez un moule à cake (avec de la margarine ou de l'huile de coco sans odeur), puis versez-y la préparation. Enfournez et laissez cuire 1 h (vérifiez la fin de la cuisson avec la pointe d'un couteau). Vous pouvez déguster votre pain d'épices dès la sortie du four, comme un bon gros gâteau bien moelleux ! Hmmm !

Mes rituels mind d'hiver

Avant d'avoir le moral en berne, faites des choses qui vous rendent heureuse ! Même en hiver, c'est possible : vous pouvez lire un bon bouquin, faire de la couture, du tricot, expérimenter de nouvelles recettes, trier vos affaires... Il y a beaucoup de possibilités pour s'occuper et libérer des endorphines !

J'adopte l'esprit hygge au coin du feu

Vivre hygge, c'est être en totale harmonie dans son intérieur et avec soi-même. C'est plus que du cocooning ! On crée vraiment un espace serein, propice au bonheur pour y faire des activités conviviales, pleines de douceur et réconfortantes. Passez de bons moments en famille au coin du feu, à faire des jeux de société ou des hugs ! Invitez vos amis pour partager un bon repas et une bonne bouteille de vin que vous ne sortez d'habitude que pour les grandes occasions ! Riez, partagez, échangez et vivez des instants précieux dans la simplicité. Mettez des coussins moelleux, des plaids douillets et des lumières tamisées dans votre pièce de vie, profitez du moment présent et confortable pour le corps et pour le mental. C'est si simple d'être heureux !

Je crée ma to-be list pour l'année à venir

Ça y est, on y est ! La fameuse liste des bonnes résolutions, des projets en tout genre et des choses si impossibles à faire que vous allez être frustrée tout au long de l'année ! Alors, changez de stratégie : notez plutôt vos qualités, ce que vous aimez chez vous, comment vous avez changé ou évolué cette année, même après des coups durs. Notez des choses positives sur vous, et voyez comment vous pouvez devenir encore plus que ça ! Le chemin de la métamorphose prend toute une vie, on n'arrête pas d'apprendre, de s'épanouir, de changer, d'évoluer… Il est bon de savoir où on en est et où on veut aller. Si vous vous mettez trop souvent en colère par exemple, notez pour l'année à venir d'essayer d'être plus relax dans vos réactions. Faites en sorte de devenir la personne que vous avez toujours voulu être, même si vous êtes super bien dans vos baskets, il y a toujours des aspects à améliorer pour acquérir la paix profonde en soi et avec soi-même. Changez de regard sur votre to-do list pour qu'elle devienne votre to-be list ! Aimez-vous et devenez un magnifique papillon !

Chapitre 5

Mes rituels mensuels de yoga féminin

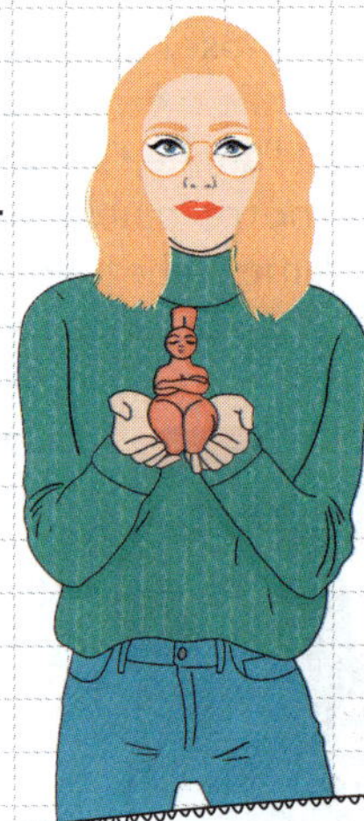

Nous sommes des êtres mystiques, des déesses, des femmes merveilleuses ! Malheureusement, aujourd'hui encore, on doit se battre pour être totalement libres. L'image de la femme que l'on a façonnée ne reflète pas ce que la femme est capable d'être. Et pourtant, être une femme c'est tellement de choses. Nous avons une panoplie magnifique d'énergies et d'émotions en nous. Vivons tous les jours en mode girl power !

Le pouvoir du féminin, c'est quoi ?

Dans tout être, il y a une part de féminité et de masculinité. C'est une question d'équilibre ! Tout le monde est donc concerné.

C'est se reconnecter à l'essence même de sa féminité. Sans jugement, sans principe, sans diktat, dans sa plus belle et plus pure expression. Depuis toujours, les femmes vivent au rythme des saisons, de la nature et de la lune. Autant de cycles qui rappellent celui de la femme. Reprendre le pouvoir de son féminin, c'est donc révéler son côté sauvage, sa vraie nature et partir à la découverte de son corps et de ses trésors. Mais c'est aussi rester fidèle à son énergie féminine pleine de douceur, d'empathie et de créativité. Faites la paix avec vous-même, aimez votre corps, votre sensualité et prenez rendez-vous avec vous. Libérez vos pouvoirs de femme, votre personnalité, qui vous êtes vraiment et rayonnez ! C'est ça, le féminin sacré !

La porte du féminin : le cycle menstruel

En moyenne, un cycle menstruel dure 28 jours, mais à chacune son cycle. Dans tous les cas, une femme passe par 4 phases différentes pendant cette période.

La phase menstruelle (du 1er au 6e jour environ)

Le premier jour des règles marque le début du cycle. Sa durée et sa consistance diffèrent d'une femme à l'autre, c'est pourquoi, pour bien connaître son cycle, il faut observer son propre fonctionnement. Il se peut que cette période soit signe de souffrance chez certaines d'entre nous. Les antalgiques peuvent aider, mais le yoga aussi. Les maux de ventre sont fréquents, mais sachez, mesdames, que si les règles sont un phénomène naturel, la douleur ne l'est pas ! Si elles persistent, consultez un médecin.

La phase pré-ovulatoire (du 7e au 13e jour environ)

Elle précède la phase d'ovulation. À ce moment, des follicules (les enveloppes contenant les bébés ovules) mûrissent sous le coup de l'augmentation des œstrogènes et de l'hormone FSH (hormone folliculo-stimulante). Un seul follicule arrive à maturité.

La phase ovulatoire (du 14e au 20e jour environ)

Ensuite vient la phase d'ovulation, elle peut se traduire par des maux de tête, une certaine irritabilité mais aussi une libido décuplée due à un pic des hormones féminines ! C'est à ce moment-là que vous avez le plus de chance de concevoir, car un ovule mûr est libéré.

La phase post-ovulatoire ou prémenstruelle (du 21e au 28e jour environ)

La dernière phase, post-ovulatoire, détermine si vous êtes fécondée ou non. Si oui, votre cycle se mettra en sommeil pendant 9 mois ! Si non, vous ressentirez une chute hormonale qui mènera à vos règles 1 semaine plus tard, donc à un autre cycle menstruel. C'est souvent durant cette dernière phase que l'on rencontre les syndromes prémenstruels, dus à la chute hormonale. Il s'agit d'un ensemble de troubles physiques et émotionnels pouvant empêcher les activités quotidiennes ! Heureusement, le yoga aide tout au long du cycle féminin.

Mes routines yoga au féminin

Instaurer des routines yoga tout au long du cycle peut vraiment vous aider pendant les changements hormonaux et pour atténuer les douleurs. L'arrivée des règles peut en effet générer du stress, le stress favorise l'adrénaline et le cortisol, qui eux-mêmes augmentent la production d'hormones pro-inflammatoires pouvant accentuer les contractions utérines, et donc les douleurs. Il est recommandé de pratiquer une activité comme le yoga pour diminuer les effets du stress mais aussi pour atténuer les douleurs. Certaines postures ont un effet apaisant, calmant, relaxant et parfois même antalgique !

Pour mon équilibre hormonal

Le yoga des hormones est déconseillé en cas d'endométriose et de grossesse.

Le yoga des hormones, vous connaissez ? C'est une méthode mise en place par Dinah Rodrigues, spécialiste en yoga-thérapie, pour réactiver la production d'hormones et trouver un équilibre hormonal afin de contrer des symptômes désagréables. Sa méthode se fonde sur un yoga plus dynamique et des postures spécifiques pour toutes celles qui veulent enrayer les troubles hormonaux.

Ma séance de yoga des hormones

Une pratique régulière de plusieurs postures choisies favorise l'assouplissement du bassin et permet l'équilibre des principales glandes responsables de la production et des sécrétions hormonales. Après la pratique physique, effectuez un exercice de respiration spécial féminin avant de passer à une petite méditation. Pratiquez cette séance tout au long de votre cycle, hors période de règles, plusieurs fois par semaine.

Durée : 10 min
Tenez les postures pendant 30 s.
La posture des jambes au mur doit être tenue 1 à 7 min.

1. Le grand angle au sol

2. Le happy baby

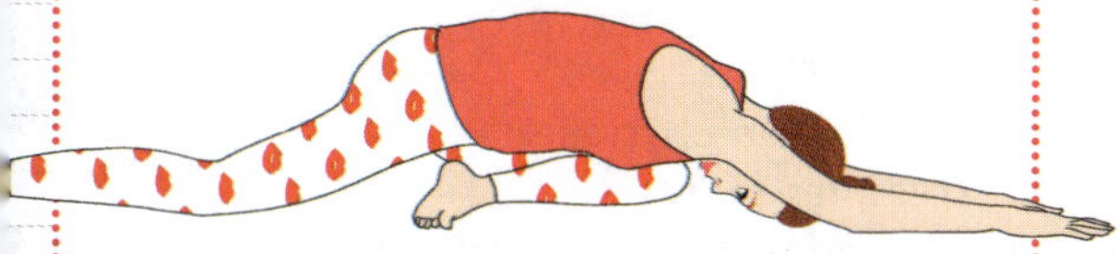

3. Le pigeon avec flexion avant

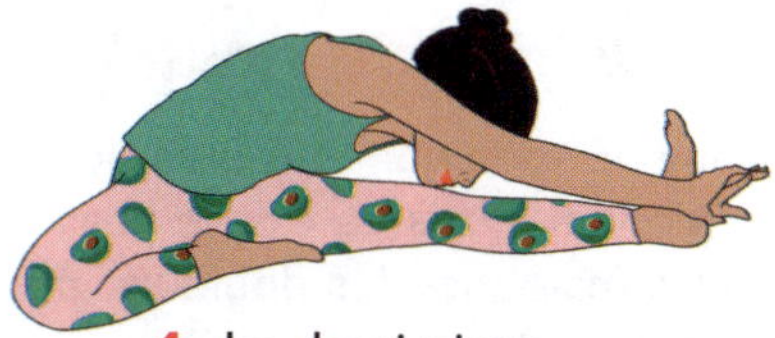

4. La demi-pince

5. Les jambes au mur

6. Le triangle en torsion

Bhastrika pranayama (2 min)

Cet exercice de respiration est très puissant, il appelle la kundalini (énergie féminine du bassin) : son pouvoir sur le féminin prend tout son sens ! Asseyez-vous en tailleur et respirez par le ventre : 7 fois de suite, inspirez fortement et profondément, puis expirez d'un coup sec en rentrant le nombril au maximum. Inspirez de nouveau et recommencez. Une fois l'exercice terminé, allongez-vous, prenez de longues et profondes respirations et passez à la méditation.

La méditation (5 à 10 min)

Méditez en vous concentrant sur votre féminin sacré ! Visualisez l'intérieur de votre corps et son fonctionnement. Par exemple, visualisez votre utérus, sa forme, sa couleur, imaginez qu'il fleurit ou qu'il rayonne de votre puissance féminine. *Idem* si vous souhaitez tomber enceinte, vous pouvez faire un travail de visualisation en imaginant le fonctionnement de l'ovulation. Pensez surtout à bien respirer et à vous concentrer sur ce que vous souhaitez par rapport à votre féminité, vos hormones et votre cycle.

Ma routine de yoga prémenstruel

C'est une période qui peut être douloureuse tant sur le plan physique qu'émotionnel. Dans ce cas, le yoga va gérer le stress, les sautes d'humeur, mais aussi les douleurs grâce à des postures douces et calmantes. Pratiquez plutôt le soir, tout au long de votre phase prémenstruelle.

Durée : 5 min
Tenez les postures sur 3 longues respirations.

1. Relaxation + respiration profonde et complète

2. Enchaînement chat-vache

3. Le cobra

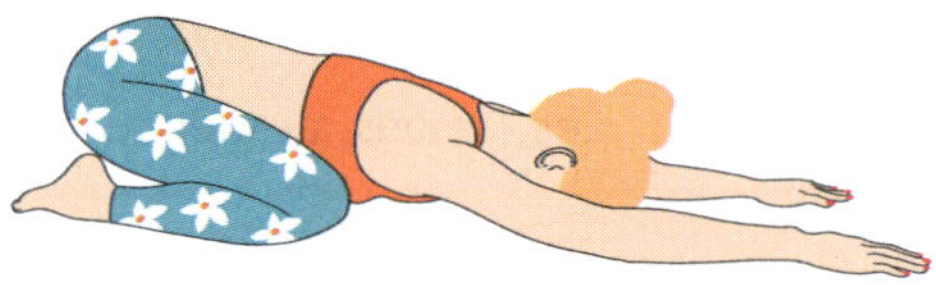

4. La posture de l'enfant

Pour faire la posture du demi-pont, allongez-vous au sol, posez les pieds près des fesses et soulevez votre bassin en vous aidant de vos mains.

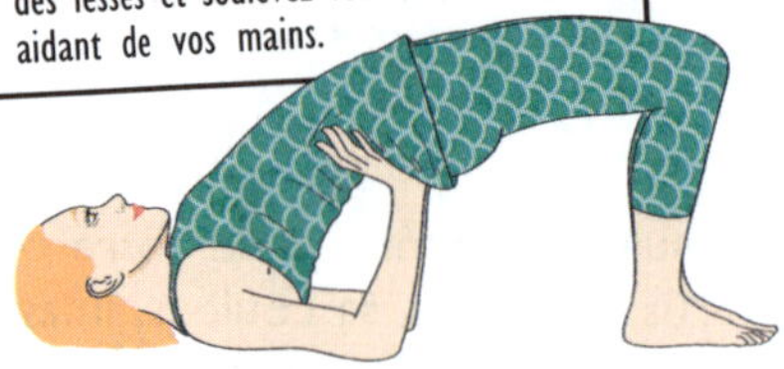

5. Le demi-pont

6. Le papillon allongé

Je gère mes émotions, mon irritabilité et mon SPM

On peut dire que, parfois, c'est les montagnes russes ! On passe du rire aux larmes sans même savoir pourquoi… Il n'y a aucune raison valable d'ailleurs, mais notre féminité s'emmêle et on peut devenir redoutable ! Pour gérer des émotions en dents de scie :

- Trouvez des occupations qui calment l'esprit (l'écriture, la lecture, la créativité) et défoulez-vous en faisant des activités physiques autant que vous pouvez ! Car la libération des endorphines vient contrecarrer les effets négatifs du SPM (syndrome prémenstruel).
- Prenez des pauses relaxantes avec vous-même : un bain chaud, une séance douce de yoga ou de la méditation.
- On peut également gérer son SPM par une alimentation riche en magnésium, calcium et oméga-3 et pauvre en sucres raffinés et viande rouge.
- Programmez une séance chez l'ostéo, un massage dans un spa ou même des automassages chez vous pour apaiser maux de tête, sensation de jambes lourdes et maux de ventre, des symptômes assez récurrents pendant le SPM.
- Pour votre équilibre hormonal, buvez des tisanes de sauge durant cette période.

Ma routine yoga pendant mes règles

La période de règles peut être très douloureuse au point de vous clouer au lit. C'est un cercle vicieux, car la peur d'avoir mal engendre du stress, qui engendre la douleur, elle-même augmente le stress, amplifiant les douleurs… Bref, vous l'avez compris, le mieux c'est de gérer son stress ! Et pour ça le yoga est idéal, pas vrai ?

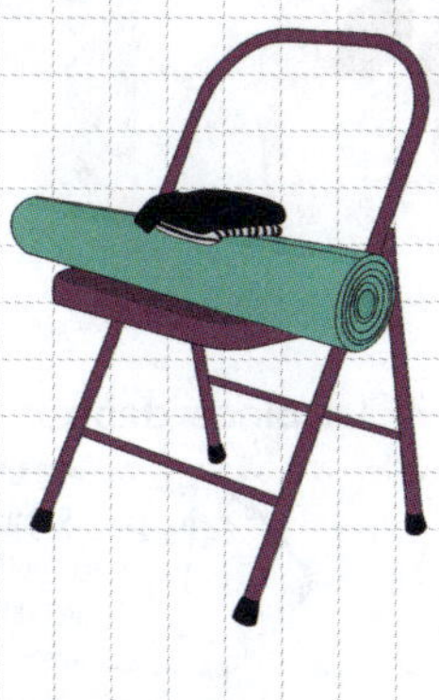

Mon yoga antidouleur

La routine yoga spéciale règles doit être relaxante. On commence par rester en posture savasana quelques minutes et faire des respirations avant de passer aux postures. On terminera par une longue méditation pour reposer son mental et gérer la douleur.

Le poisson
Allongée sur le dos, placez vos mains sous votre corps au niveau du haut des cuisses. Soulevez le buste en vous tenant sur vos coudes. Rapprochez les coudes le plus possible pour faire sortir la poitrine, en creusant le haut du dos et en rapprochant les omoplates. La tête est relâchée vers l'arrière et ne doit pas toucher le sol. Respirez calmement.

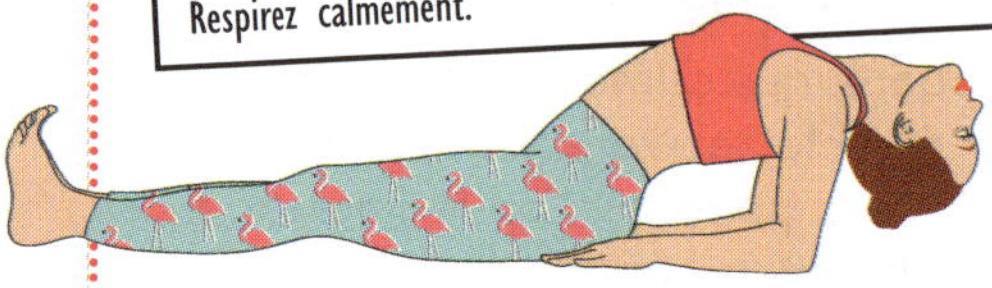

1. Le poisson

2. Le papillon

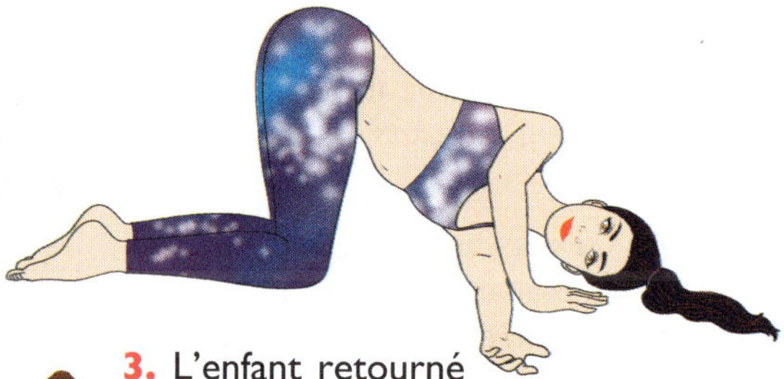

3. L'enfant retourné

4. L'arbre

La déesse
Debout, le dos droit. Écartez les jambes de deux fois la largeur des épaules. Tournez les pieds, pointes à l'extérieur. Pliez les genoux au-dessus de vos pieds. Gardez le dos droit et joignez les paumes de mains devant votre poitrine. Respirez.

5. La déesse

La guirlande
Gardez la posture précédente et diminuez votre écart à la largeur des hanches tout en remettant les pieds dans l'axe, face à vous. Accroupissez-vous. Les fesses touchent presque le sol. Gardez la posture pendant 3 respirations.

6. La guirlande

7. La pince debout

○ Durée : 5 min
Tenez les postures sur 3 longues respirations.

La méditation (5 à 10 min)

À la fin de la pratique, votre corps est détendu et relaxé pour accueillir une méditation profonde. Celle-ci va vous aider, pendant cette période de stress, de douleur et d'irritabilité, à vous calmer dans vos trois corps (physique, mental, spirituel) pour retrouver une sérénité et une paix intérieures. Les douleurs vont s'estomper et vous allez mieux gérer les effets négatifs de cette période. Vous pouvez méditer en tailleur à l'aide d'un coussin ou en savasana. Attention, les douleurs au niveau du ventre peuvent tirer sur les lombaires, ce qui peut rendre douloureuse la posture allongée. N'hésitez pas à plier les genoux et posez les pieds au sol, cependant vos pieds doivent être assez écartés et vos genoux doivent se toucher. Il n'y a pas de résistance et ça devient une vraie posture de relaxation, idéale pour méditer.

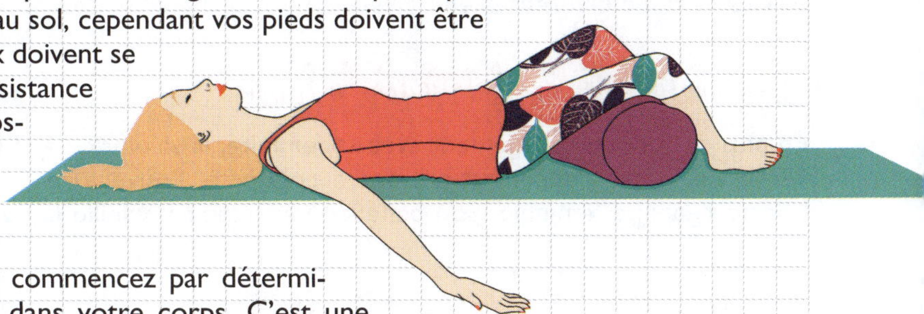

Let's go !

Respirez profondément et commencez par déterminer d'où vient la douleur dans votre corps. C'est une introspection : essayez de voir de l'intérieur. Concentrez-vous d'abord sur les endroits où la douleur est plus forte, ressentez tout avec calme. Puis passez à un endroit où la douleur est moyenne, ainsi de suite jusqu'à un endroit où la douleur est faible. Puis faites le chemin inverse, de la douleur la plus faible à la plus conséquente. Petit à petit, les douleurs vont s'équilibrer dans votre corps. Cela n'enlève pas les douleurs, cela leur donne juste moins de force.

Mes antidouleurs naturels

- **Utilisez tout bonnement la bouillotte !** Le chaud détend les muscles en profondeur et diminue les crampes, les contractions et les spasmes. On peut recourir à cette méthode tout au long de la journée.
- **Buvez des boissons chaudes,** ici des infusions pour ne pas exciter l'organisme avec de la théine ou de la caféine. Boire chaud aide à se relaxer. On mise tout sur les infusions de fenouil pour diminuer les sensations de ballonnement et soulager son bidon.
- **Vous pouvez également procéder à des automassages** sur le bas-ventre. Mélangez 1 goutte d'huile essentielle de sauge sclarée et 1 goutte d'huile essentielle d'estragon avec de l'huile végétale et massez doucement les régions douloureuses. Leur propriété antispasmodique réduit les symptômes liés aux règles.

Je me mets en harmonie avec mon féminin

Tout comme la salutation au soleil, il existe la salutation à la lune. Moins connue des studios de yoga classiques, elle est issue du kriya yoga, une méthode plus spirituelle. En effet, la salutation à la lune est souvent réservée aux femmes pour leur permettre d'être en phase avec leur féminité et ainsi les aider à vivre leur cycle féminin, dans leur santé hormonale et sexuelle, et leur fertilité. Tout comme le cycle féminin, le cycle lunaire comporte différentes phases et donc différentes énergies.

Les bienfaits de la salutation à la lune

En plus de renouer pleinement avec sa féminité, la salutation à la lune favorise notre activité cérébrale, notre concentration, notre créativité, l'ouverture du bassin et des hanches et booste l'énergie féminine. Son bénéfice mystique ? Il éveille la kundalini !

La salutation à la lune étape par étape

La salutation à la lune (*chandra namaskar*) est un cycle de 12 postures qui s'enchaînent. À l'inverse de la salutation au soleil, on commence par le côté gauche (lune, féminin, froid). Pratiquez plutôt le soir, en phase avec la pleine lune ou la nouvelle lune. C'est encore mieux si vous pouvez voir la lune !

Durée : 2 min
Pratiquez cette salutation à la pleine lune ou à la nouvelle lune.

1. Tenez-vous debout, les pieds légèrement écartés. **Inspirez** et étirez les bras au-dessus de la tête tout en inclinant le buste en arrière.
2. **Expirez** et baissez le buste en avant en ramenant les bras par les côtés et en gardant les jambes tendues. Posez les paumes au sol, de chaque côté des pieds.
3. **Inspirez** et amenez la jambe gauche le plus loin possible derrière vous en posant la tranche interne du pied sur le côté au sol. Le poids du corps est sur la pointe du pied droit.
4. **Expirez** et procédez à un changement de jambe. La gauche revient en fente vers l'avant et la droite se retrouve en arrière, genou et pointe du pied au sol. **Inspirez** en redressant le buste, les bras tendus au-dessus de la tête.
5. Reposez les deux mains au sol et ramenez le genou gauche à côté du droit. **Expirez,** fesses en arrière, presque sur les talons. Tendez les bras devant vous, mains posées, et inclinez le buste en avant.
6. **Inspirez** et ramenez le pied gauche devant, entre vos mains. Tout le poids de votre corps repose sur les orteils. Tendez la jambe droite en arrière, la tranche de pied interne sur le sol (comme à l'étape 3 mais à droite).
7. **Expirez**. Dans un mouvement fluide, inversez les jambes comme indiqué dans l'étape 4. Jambe gauche en arrière, genou et pointe de pied au sol. Redressez le buste. Fermez vos poings, les pouces tendus pointés l'un vers l'autre. **Inspirez** et remontez les bras tendus au-dessus de la tête en gardant les poings comme tels. Poitrine en avant et tête légèrement en arrière.

8. **Expirez** et ramenez les mains de chaque côté des pieds. Tendez les jambes derrière vous comme si vous veniez en planche. Gardez le poids du corps sur les mains et les orteils au sol. **Inspirez**, puis soulevez le buste à la manière de la posture du cobra.
9. **Expirez** et, comme dans l'étape 5, ramenez vos fesses sur les talons. Tendez les bras au sol devant vous et cette fois posez le front au sol comme la posture de l'enfant.
10. Accroupissez-vous, pointes de pieds au sol uniquement. **Inspirez** et redressez le buste en étirant les bras au-dessus de la tête.
11. **Expirez** et mettez les deux mains au sol devant vous. Faites un petit saut pour ramener vos deux pieds entre les mains. Restez accroupie sur les orteils et redressez le dos.
12. **Inspirez** et redressez-vous complètement, mains jointes devant la poitrine. Respirez et enchaînez les 12 étapes du côté droit.

Salutation à la lune

Conclusion

Le yoga est un art de vivre, une source de bien-être et de santé du corps et de l'esprit. Une routine est un ancrage dans notre vie, c'est elle qui nous permet de ne pas nous perdre, de savoir où l'on en est et surtout de savoir où on veut aller. Allier les deux au quotidien peut considérablement changer votre vision des choses et votre qualité de vie. Prenez soin de vous et écoutez vos besoins. Le bonheur est à portée de main.

Bibliographie

- *Happy & Healthy : bien dans son corps, bien dans sa tête*, Charline Girardel, autoédition, disponible sur Amazon, 2018
- *Le Yoga du corps et de l'esprit*, Centre Sivananda de yoga vedanta, Solar, 2019
- *Ma bible du yoga santé*, Sophie Pensa, Leduc. S, 2018

Remerciements

Je tiens à remercier chaleureusement mes élèves qui font de chacun de mes cours de yoga un vrai moment de passion. Mes parents pour leur amour et leur soutien inégalable dans toutes les étapes de ma vie. Mon éditrice Gwladys pour sa confiance et ses conseils avisés, ainsi que Stéphanie (@lacerisesurlemaillot) pour son coup de boost et son amitié ! #TeamMyLifeIsBeautiful Et enfin merci à vous de me lire.

Mes notes perso

Mes notes perso

Mon cahier minceur
Mon cahier Minceur
Mon cahier minceur
Mon cahier Ma grossesse et moi
Mon cahier Mon bébé et moi
Mon cahier Ventre plat
Mon cahier Ventre plat
Mon cahier La drague et moi
Mon cahier Le sexe et moi
Mon cahier 100% anti-âge
Mon cahier Détox
Mon cahier Yoga
Mon cahier Running
Mon cahier Abdos-fessiers
Mon cahier Veggie
Mon cahier Mon dressing id
Mon cahier Brûle-graisse
Mon cahier Pensée positive
Mon cahier Anti-stress
Mon cahier Forme et minceur après bébé
Mon cahier Régime paléo
Mon cahier Pilates
Mon cahier Beauté
Mon cahier Digital déto
Mon cahier Stop au sucre
Mon cahier Sans gluten
Mon cahier Fitness
Mon cahier Mincir avec la médecine chinoise
Mon cahier Yoga détox
Mon cahier Aquafitness
Mon cahier Beach body
Mon cahier Green déto
Mon cahier Body training
Mon cahier Régime tout cru
Mon cahier Méditation
Mon cahier Huiles essentielles
Mon cahier Boxe training
Mon cahier Mon chat & moi
Mon cahier Rangement feel good
Mon cahier Trail runni
Mon cahier Yoga méditation
Mon cahier Soft fitness
Mon cahier Body minceur
Mon cahier Hair beauty
Mon cahier Jolie peau
Mon cahier Fitness food
Mon cahier Danse pilates
Mon cahier Hygge happy théra
Mon cahier Yoga sculpt
Mon cahier Tatouage
Mon cahier Yoga flow
Mon cahier Obstacle training
Mon cahier Perfect timing
Mon cahier Super organisée
Mon cahier Mon bullet agenda
Mon cahier Bullet agen
Mon cahier Minceur healthy
Mon cahier Minceur zéro sucre
Mon cahier Stop smoking
Mon cahier Ayurveda
Mon cahier Vélo training
Mon cahier Défi voyage solo
Mon cahier HIIT
Mon cahier Cristal pow

MON CAHIER OBJECTIF MINCEUR EN 12 SEMAINES PRINTEMPS-ÉTÉ
MON CAHIER MES 100 MODÈLES BULLET AGENDA
MON CAHIER BAIN DE FORÊT
MON CAHIER ATTITUDE BODY POSITIVE
MON CAHIER PILATES INTENSIF
MON CAHIER PILATES BOOTY
MON CAHIER RITUEL POWER
MON CAHIER MASSAGE
MON CAHIER IKIGAI
MON CAHIER OBJECTIF MINCEUR EN 12 SEMAINES AUTOMNE-HIVER
MON CAHIER MARIAGE
MON CAHIER GREEN POWER
MON CAHIER SOPHRO
MON CAHIER OBJECTIF ZÉRO SUCRE EN 12 SEMAINES
MON CAHIER GAINAGE
MON CAHIER ZÉRO DÉCHET
MON CAHIER TAROT
MON CAHIER OBJECTIF BIKINI EN 12 SEMAINES
MON CAHIER FIT & GREEN
MON CAHIER CARDIO-PILATES
MON CAHIER HUILES ESSENTIELLES AU FÉMININ
MON CAHIER OBJECTIF BUDGET EN 12 SEMAINES
MON CAHIER OBJECTIF TRAINING EN 12 SEMAINES
MON CAHIER OBJECTIF ZÉRO GRAS EN 12 SEMAINES
MON CAHIER FÉMININ SACRÉ
MON CAHIER COCOONING AVEC LES PLANTES
MON CAHIER YOGA FÉMININ
MON CAHIER MES RITUELS YOGA
MON CAHIER BODY SCULPT
MON CAHIER ASTRO
MON CAHIER YOGA DU VENTRE
MON CAHIER KUNDALINI YOGA
MON CAHIER ZÉRO GRAS
MON CAHIER HAPPY FEELINGS
MON CAHIER STRONG YOGA
MON AGENDA 2021 MY LIFE IS BEAUTIFUL
MON CAHIER 2021
BOOSTEZ VOTRE GIRL POWER !

LES BEAUTIFUL GIRLS,
C'EST TOUTE UNE COMMUNAUTÉ !
Retrouvez plein de bonus, de conseils feel good,
des recettes, des trainings,
et des actus tendance MADE BY MON CAHIER !

Un lieu rien que pour vous :
http://mylifeisbeautiful.fr/

Une communauté de filles stylées :
VOUS DÉCHIREZ
mylifeisbeautiful.fr mylifeisbeautiful.fr

Direction : Jean-Louis Hocq
Direction éditoriale : Marion Guillemet-Bigeard
Édition : Gwladys Greusard
Conception et mise en couleur de la couverture : Stéphanie Brepson
Conception des cartes : Sophie Delannoy
Correction : Christine Caneau
Mise en pages : Nord Compo
Fabrication : Laurence Duboscq

MIXTE
Papier issu de sources responsables
FSC® C003309

ISBN : 978-2-263-16998-4
Code éditeur : L16998-02
Dépôt légal : mars 2020

Imprimé en France par Clerc
94, rue de la Brasserie, 18200 Saint-Armand-Montrond

SolarEditions
solar_editions

mylifeisbeautiful.fr
mylifeisbeautiful.fr

http://www.mylifeisbeautiful.fr/

Solar, un département d'Édi 8
92, avenue de France
75013 Paris